スポーツ庁設置の政策形成

新・政策の窓モデルによる実証分析

横井康博 著

晃洋書房

は し が き

　本書は，日本において長い間，必要性が認識されながらも行われてこなかったスポーツ庁設置が，2015年に「なぜ」そして「どのように」実現したのかを，事例研究によって解明することを目的としている．

　従来，スポーツ行政は文部科学省や厚生労働省等複数の省庁にまたがっていた．スポーツ庁は，このようなスポーツ行政を一本化する目的で，文部科学省の外局として設置された．スポーツ庁設置は，いくつかの問題を含んではいるものの，優れた制度改革といわれ，日本のスポーツ政策形成において画期的な出来事であった．

　このスポーツ庁設置によって，日本のスポーツ制度と組織は大きな変革を迫られるとともに，トップスポーツ，地域スポーツ，大学を含む学校スポーツのあり方やスポーツ文化は急速に変貌しつつある．しかし，スポーツ庁設置の政策形成に関しては，これまでは単なる「イメージ」，「規範論」，「実態論」いずれかの観点からのみ語られることが多く，理論と実証の双方に裏付けられた説得力のある議論や先行研究は皆無であった．

　政策形成過程は，問題の認識・定義，政策案の生成・特定化，政策の決定・正当化の過程から構成される．この政策形成過程には，政策形成システムの境界のあいまいさ，参加者の頻繁な参入・退出，多様な参加者へのパワーの分散，種々の偶然性の支配等の要因が含まれ，政策の決定・正当化は困難なものとなっている．

　このような政策形成の事例研究に際しては，特定の明確な概念と理論的枠組にもとづく分析によってはじめて，分析結果から理論構築を行うことができる．本研究では，スポーツ庁設置の政策形成の全プロセスを記述・分析するための理論的枠組として，新・政策の窓モデルを適用する．

　まず，問題の設定，先行諸研究の問題点の指摘，新・政策の窓モデルの説明

を行う．次に，新・政策の窓モデルにもとづいて，スポーツ庁設置の政策形成を準備期，形成期，実現期の3期に区分し，各期の詳細な年代記分析を試みる．さらに，全3期における政策形成の参加者の行動ならびに行動間の相互関係を分析し，スポーツ政策形成に関する16の発見事実を析出する．最後に，スポーツ庁設置の評価すべき点と問題点を明らかにするとともに，本研究の意義と今後の課題に言及する．

本書が日本のスポーツ政策形成に対して，何らかの具体的かつ実践的な指針を与えることができれば幸いである．

本研究をまとめるにあたって，多くの方々のご指導，ご支援，ご協力をいただいた．北海道大学大学院経済学研究院の平本健太先生には，指導教官として博士論文の作成について熱心にご指導いただくとともに，本書の執筆についても暖かい励ましを何度もいただいた．

岩田智先生，岡田美弥子先生，坂川祐司先生，相原基大先生，阿部智和先生，宇田忠司先生，深山誠也先生には，博士論文に関して重要かつ有益な示唆と改善点の指摘をいただいた．

赤岡功先生（星城大学名誉学長，京都大学名誉教授）には，すばらしい研究環境を整えていただいた．小島廣光先生（北海道大学名誉教授）には，博士論文の調査・執筆に際して有益なアドバイスをいただいた．平野実先生（県立広島大学教授）には，出版社を紹介いただいた．

多くの方々が，著者の面倒な聴き取り調査に多忙な時間を割いてご協力いただいた．遠藤利明氏（衆議院議員），馳浩氏（衆議院議員），河野一郎氏（日本スポーツ政策機構代表理事），仙台光仁氏（元スポーツ庁参事官），高橋義雄氏（筑波大学准教授），松浪健四郎氏（日本体育大学理事長），今村裕氏（日本体育大学常務理事）の7名である．

出版に際しては，晃洋書房の丸井清泰氏と坂野美鈴氏に多大なご協力を賜った．ここに期してすべての関係各位に謝意を表したい．

2025年1月

　　　　　　　　　　　　　　　　　　　　　　　　著　　　者

目　　次

は し が き

図 表 目 次

第1章 スポーツ庁設置は「なぜ」そして「どのように」実現したのか …………………………………………… 1

Ⅰ▶問題の設定　（1）

Ⅱ▶本書の構成　（2）

第2章 先行研究の検討 ……………………………………… 5

Ⅰ▶スポーツ政策形成の歴史分析　（5）

　1　内海の研究　（5）

　2　関の研究　（6）

　3　斉藤の研究　（7）

　4　加藤の研究　（7）

　5　小　括　（8）

Ⅱ▶スポーツ政策形成の実証分析　（9）

　1　ホーリハンの研究　（9）

　2　中村の研究　（9）

　3　ホーリハン＆グリーンの研究　（11）

　4　小　括　（11）

第3章 新・政策の窓モデル ………………………………… 15

Ⅰ▶モデルの射程　（16）

iv

Ⅱ ▶ モデルの概要　（16）

Ⅲ ▶ モデルの構成概念　（19）

Ⅳ ▶ 研究方法とデータ収集　（22）

第4章 準備期（スポーツ議員連盟結成から「スポーツ振興に関する懇談会」設置前まで　1947年8月〜2006年12月）の事例とその分析 ……………………………… 25

1　戦後のスポーツ政策（1）──行政機構の変遷　（25）

2　戦後のスポーツ政策（2）──複合的な政策分野　（28）

3　スポーツ振興法の制定　（31）

4　スポーツ振興くじ法の制定（1）

　　──議論の開始から大綱の作成まで　（37）

5　スポーツ振興くじ法の制定（2）

　　──法案提出への反対と法案成立　（41）

6　スポーツ振興基本計画策定・改訂　（45）

7　2016五輪・パラリンピック立候補　（47）

8　準備期の分析　（48）

第5章 形成期（「スポーツ振興に関する懇談会」設置後から「スポーツ基本法案」成立まで　2006年12月〜2011年6月）の事例とその分析 ……………………………… 63

1　遠藤リポートの作成　（63）

2　スポーツ立国調査会「中間報告」発表　（68）

3　教育再生会議第3次報告と教育再生懇談会第4次報告　（73）

4　新スポーツ振興法制定PTの論点整理　（75）

5　民主党反対と自公スポーツ基本法案国会提出・廃案　（77）

6　2016東京五輪・パラリンピック招致失敗　（78）

7　民主党政権下の文部科学省による「スポーツ立国戦略」策定　（82）

目　　次　　v

8 民主党「スポーツ基本法案」検討　（87）

9 スポーツ基本法案成立　（88）

10 形成期の分析　（90）

第6章　実現期（「スポーツ基本法案」成立後から「スポーツ庁設置法案」成立まで　2011年6月〜2015年5月）の事例とその分析 …………………………………… 103

1 スポーツ庁設置の政策案　（103）

2 第1期スポーツ基本計画策定　（106）

3 文部科学省「スポーツ庁の在り方に関する調査研究事業」　（107）

4 2020東京五輪・パラリンピック決定　（111）

5 安倍首相による「スポーツ庁設置の検討」指示　（118）

6 スポーツ議員連盟のスポーツ庁創設PTの提言　（120）

7 スポーツ庁設置法案成立　（123）

8 実現期の分析　（130）

第7章　結　　論 ………………………………………… 141

I ▶スポーツ政策形成の発見事実　（141）

1 発見事実1　（141）

2 発見事実2　（144）

3 発見事実3　（145）

4 発見事実4　（147）

5 発見事実5　（148）

6 発見事実6　（150）

7 発見事実7　（151）

8 発見事実8　（151）

9 発見事実9　（153）

10 発見事実10 （154）

11 発見事実11 （155）

12 発見事実12 （158）

13 発見事実13 （160）

14 発見事実14 （161）

15 発見事実15 （162）

16 発見事実16 （165）

II ▶スポーツ庁設置の評価すべき点と問題点 （168）

III ▶本研究の意義 （170）

IV ▶今後の課題 （174）

補遺 ‖‖ 大学スポーツ協会設立 ……………………………………… 177

1 ▶事 例 （177）

2 ▶事例の分析 （179）

3 ▶スポーツ庁設置と大学スポーツ協会設立の発見事実の相互関係

（185）

初 出 一 覧 （193）

参 考 文 献 （195）

人 名 索 引 （201）

事 項 索 引 （203）

図 表 目 次

【図】

図3-1　新・政策の窓モデルの射程　16
図3-2　新・政策の窓モデルの概念図　18
図4-1　体育局ならびにスポーツ・青少年局の変遷　26
図4-2　文部科学省スポーツ・青少年局の組織図（2014年3月）　27
図6-1　ヒアリング調査項目　109
図6-2　スポーツ庁設置に係る4つのパターン（イメージ）　112-113
図6-3　スポーツ庁の組織図（2015年10月）　127
図7-1　6つの問題の重要性の大小と関連の強弱　154
図7-2　発見事実の相互関係　167

【表】

表4-1　所掌事務（文部科学省設置法）　29
表4-2　文部科学省組織令が規定するスポーツ・青少年局の所掌事務　29
表4-3　主な体育・スポーツ関係府省庁の施策　31
表4-4　スポーツ振興くじ法の略年表　38
表4-5　2016年五輪・パラリンピック立候補（2004年〜2006年）　48
表4-6　準備期の分析結果（超党派スポーツ議員連盟結成から「スポーツ振興に関する懇談会」設置前まで1947年8月〜2006年12月）　49
表5-1　懇談会の構成員（所属先）　64
表5-2　審議経過　65
表5-3　スポーツ基本法成立までの経緯　66
表5-4　自民党スポーツ立国調査会の構成員　70
表5-5　自民党スポーツ立国調査会の審議経過　71
表5-6　2016年東京五輪・パラリンピック招致活動（2007年〜2009年）　79
表5-7　2016年大会招致における投票結果　81
表5-8　有識者等からのヒアリング調査　84
表5-9　現場に出向いてのヒアリング調査　84
表5-10　地方公共団体，スポーツ団体，地域クラブ関係者等の調査先　84
表5-11　企業スポーツ・関連企業等　86

表5‒12　体育系大学等の研究者　86

表5‒13　形成期の分析結果（「スポーツ振興に関する懇談会」設置後から「スポーツ基本法案」成立まで　2006年12月～2011年6月）　91

表6‒1　スポーツ庁設置に関する政策案　104

表6‒2　ヒアリング調査先：独立行政法人とスポーツ団体　108

表6‒3　ヒアリング調査先：地方自治体　108

表6‒4　有識者検討会議委員　110

表6‒5　有識者検討会議の開催実績　110

表6‒6　スポーツ庁設置に係る4つのパターンについての総括表（比較検討）　114

表6‒7　2020年大会招致における投票結果　117

表6‒8　実現期の分析結果（「スポーツ基本法案」成立後から「スポーツ庁設置法案」成立まで　2011年6月～2015年5月）　130

表7‒1　スポーツ庁設置の年代記分析の結果　142

表7‒2　アジェンダの設定と政策案の生成・特定化への主要な参加者の影響　145

表7‒3　主要な参加者の誘因と資源　147

表7‒4　政策形成の場と設定・活用した参加者　149

表7‒5　アジェンダ　152

表7‒6　スポーツ庁設置に関する主要な政策案の追加・洗練　156

表7‒7　5つの存続規準を満たすスポーツ庁設置法案　159

表7‒8　政治の内訳とスポーツ庁設置への影響　161

表7‒9　政策の窓の開放による問題／政治／政策と部分的なパッケージ構成への貢献　163

表7‒10　スポーツ庁設置の評価すべき点と問題点　168

表7‒11　スポーツ庁設置と非営利法人制度の発見事実の相互関係　171

補遺　表1　大学スポーツ協会設立の分析結果（「スポーツ庁設置法案」成立後から大学スポーツ協会設立まで　2015年5月～2019年3月）　180

補遺　表2　スポーツ庁設置と大学スポーツ協会設立の発見事実の相互関係　186

※　なお，図表の出所につき，特に記載がないものは，筆者作成とする．

第 1 章

スポーツ庁設置は「なぜ」そして「どのように」実現したのか

Ⅰ ▶ 問題の設定

　本研究は，日本において長い間，必要性が認識されながらも行われてこなかったスポーツ庁設置が，2015年に「なぜ」そして「どのように」実現したのかを，事例研究によって解明することを目的としている．

　明治以来，日本のスポーツ政策形成の担い手は，他の政策分野と同様に，行政官僚であり，文部省（現「文部科学省」）体育局がその中心に位置してきた[1]．このことは，与党のスポーツ政策が文部省のスポーツ政策に依存していたことや，与野党のスポーツ政策の内容が脆弱なまま今日に至っていることからも明らかである[2]．文部省体育局は，日本体育協会，JOC（日本オリンピック委員会），都道府県・市町村の体育協会，体協加盟やJOC加盟のスポーツ団体，都道府県・市町村の教育委員会のスポーツ担当課等を傘下に置き，国庫補助制度を介した権限・財源を通じてこれらの参加者を支配してきた[3]．

　しかし，1990年代に入ると，国民のスポーツに関する活動や関心の多様化が進むなかで，文部科学省の行政官僚主導の政策形成ではなく，超党派のスポーツ議員連盟等による政治優位・政治主導の政策形成が新たに展開されるようになり，政策の内容も大きく進化してきた[4]．

　1998年5月，スポーツ振興くじ法が議員立法で制定された．2000年9月，スポーツ振興くじ法制定を契機とするスポーツ振興基本計画が策定された．2007年8月，スポーツ振興に関する懇談会が「「スポーツ立国」ニッポン」を提言した．2010年6月，民主党政権下での文部科学省が「スポーツ立国戦略」を策定した．

さらに，2011年6月，スポーツ基本法が議員立法で制定された．スポーツ基本法は，前文でスポーツ権を謳い，スポーツ政策を国家戦略であると明記した．スポーツ庁設置に関しても「検討して必要な措置を講ずる」ことが付則に盛り込まれた．

最終的に，2015年5月，スポーツ庁設置法が議員立法に近い政府立法で制定された．スポーツ庁設置は，より直接的にはスポーツ基本法からスタートし，① 複数の省庁にまたがる従来の「スポーツ政策の形成」の一元化，② 関係省庁やスポーツ関連団体と連携したトップスポーツと地域スポーツの推進を目的としている．

このスポーツ庁設置は，いくつかの問題を含んではいるものの，優れた制度改革といわれ，日本のスポーツ政策形成において画期的な出来事であった．

このスポーツ庁設置によって，日本のスポーツ制度と組織は大きな変革を迫られるとともに，トップスポーツ，地域スポーツ，大学を含む学校スポーツのあり方やスポーツ文化は急速に変貌しつつある[5]．

本研究は，スポーツ庁設置の政策形成の因果メカニズムを明らかにする．事例研究に際しては，特定の明確な概念と理論的枠組にもとづく分析によってはじめて，分析結果から理論構築を行うことができる．理論的枠組にもとづかない事例研究は，注目すべき変数および変数間の関係が定まらず，現象の解明に不可欠な因果関係の特定が困難である[6]．そこで，政策形成を記述・分析するための理論的枠組である新・政策の窓モデルを採用する．

新・政策の窓モデルは，小島・平本（2022）において先行諸研究の概念やアイディアを統合し，あらゆる政策形成を記述・分析するために独自に導出された理論的枠組である[7]．この新・政策の窓モデルにもとづくスポーツ庁設置の分析により，現代日本のスポーツ政策形成に関する発見事実を析出する．

Ⅱ ▶ 本書の構成

本書は7章と補遺から構成される．

第1章では，スポーツ庁設置の政策形成の因果メカニズムを分析するための予備的考察を試みた．Ⅰ節では，本研究の問題を設定した．

第2章では，先行諸研究の検討を行う．Ⅰ節では，スポーツ政策形成の歴史分析の4つの先行研究，Ⅱ節では，スポーツ政策形成の実証分析の3つの先行研究を検討し，それらの問題点を明らかする．

第3章では，新・政策の窓モデルについて説明する．Ⅰ節では，モデルの射程，Ⅱ節では，モデルの概要，Ⅲ節では，モデルの構成概念，Ⅳ節では，研究方法とデータ収集について説明する．

第4章では，準備期の事例の記述と分析を行う．準備期は，スポーツ議員連盟結成から「スポーツ振興に関する懇談会」設置前まで（1947年8月〜2006年12月）の約60年間である．「スポーツ政策不在の時代」が長期にわたって続いた後，1998年5月，スポーツ振興くじ法案が議員立法で成立した．これを契機に，文部科学省主導ではなく，スポーツ議員連盟等の政治優位・政治主導の政策形成が開始された．

第5章では，形成期の事例の記述と分析を行う．形成期は，「スポーツ振興に関する懇談会」設置後から「スポーツ基本法案」成立まで（2006年12月〜2011年6月）の約4年半である．「スポーツ振興に関する懇談会」設置後からさまざまな紆余曲折を経て，最終的に，日本のスポーツ政策の柱となるスポーツ基本法案が議員立法で成立した．

第6章では，実現期の事例の記述と分析を行う．実現期は，「スポーツ基本法案」成立後から「スポーツ庁設置法案」成立まで（2011年6月〜2015年5月）の約4年である．スポーツ基本法の付則に盛り込まれたスポーツ庁設置が，2020年東京五輪・パラリンピック開催決定を契機として実現した．

第7章では，まず，第4章から第6章の事例の分析結果を次のように検討する．（1）事例の分析結果である準備期，形成期，実現期の3期の年代記分析表を集約した全3期の年代記分析表を提示する．（2）集約した年代期分析表にもとづいて，全3期における参加者の行動ならびに行動間の相互関係をそれぞれ分析する．（3）（2）の分析結果より，スポーツ政策形成に関する16の発

見事実を析出する．次に，スポーツ庁設置の評価すべき点と問題点を明らかにする．最後に，本研究の意義と今後の課題を述べる．

　補遺では，大学スポーツ協会設立（2019年3月）の事例の記述と分析を行い，上述のスポーツ庁設置に関する16の発見事実が，大学スポーツ協会設立に関して妥当するか否かの検証を試みる．

注
1）中村（1999），p. 44.
2）*ibid.*, p. 43.
3）*ibid.*, p. 44.
4）友添（2017），p．8．
5）*ibid.*
6）小島・平本（2022），p. i.
7）*ibid.*, pp. 9–55.

第2章

先行研究の検討

　本研究は，日本において長い間，必要性が認識されながらも行われてこなかったスポーツ庁設置が，2015年に「なぜ」そして「どのように」して実現したのかを，事例研究によって解明することを目的としている．

　このスポーツ庁設置の政策形成の全プロセスを分析した先行研究は皆無である．他方，現代の日本ならびに欧米のスポーツ政策形成を断片的に分析した研究はいくつか存在する．これらの研究は，Ⅰ　スポーツ政策形成の歴史分析，Ⅱ　スポーツ政策形成の実証分析の2つに大別される．本章では，Ⅰに関して4つ，Ⅱに関して3つの代表的な先行研究をそれぞれ検討する．

Ⅰ ▶ スポーツ政策形成の歴史分析

1　内海の研究

　内海は，日本の戦後スポーツ体制の確立期を次のように3期に分けて歴史分析を試み，各期の主要な出来事を析出している．

　第1期は，敗戦から1949年6月の社会教育法案の成立までである．（1）1947年8月，超党派のスポーツ議員連盟が発足した．（2）1949年5月，文部省設置法が成立し，体育局が廃止され，スポーツは社会教育局へ移管された．（3）1949年6月，第2条にスポーツ・レクレーションを含む社会教育法案が成立した．

　第2期は，1949年6月の社会教育法案の成立後から1961年6月のスポーツ振興法案の成立までである．（1）1949年7月，文部大臣の諮問機関である保健体育審議会が設置された．保健体育審議会は，約10年間に，①具体的な行政施策，②体育局の復活，③スポーツ法の制定の3つに関する答申・要望・建

議を提出した．（2）1957年6月，首相の諮問機関であるスポーツ振興審議会は，① 体育局の復活，② スポーツ行政連絡協議会の設置，③ 東京五輪招致委員会の設置，④ スポーツ振興法の制定等を答申・要望した．（3）1959年5月，1964年東京五輪開催が決定した．（4）1961年2月，スポーツ振興議員懇談会が開催され，スポーツ振興法を議員立法で制定することが確認された．（5）同年6月，スポーツ振興法案が議員立法で成立した．

　第3期は，1961年6月のスポーツ振興法案の成立後から1972年12月の保健体育審議会答申までである．（1）スポーツ行政の長年の悲願であった文部省体育局の復活とスポーツ振興法の制定は，1964年東京五輪開催の準備過程で実現した．（2）1964年東京五輪はあらゆる点において一大イベントであり，その前後で第3期のスポーツ法制は明確に区別されるものになった．（3）1972年12月の保健体育審議会答申において，体育・スポーツ施設の整備が具体的基準とともに提案された[1]．

2　関の研究

　関は，戦後日本のスポーツ政策の展開，特に日本体育協会（以下，体協）を中心に分析している．分析の結果，次のような実態を明らかにした．

　（1）体協は，第二次大戦中は大政翼賛体制に組み込まれ，戦争に全面的に協力した．戦後になると「純粋な民間団体」として再出発した．（2）体協は，貧困なスポーツ行政機構の末端で「実働部隊」としての役割を担ってきた．（3）体協は，国家主義的・商業主義的スポーツ政策を実現させた．（4）こうしたなかで，体協は，組織体制，人事，財政に関して，次の3つの特徴をもった．① 組織体制は，オリンピック至上主義を貫徹させるものであり，国民大衆のスポーツ振興をめざすものではなかった．② 体協の人事は，自民党と文部省体育局と深いつながりをもっていた．③ 体協の財源は，国庫補助と公営競技等補助からなっていた．（5）体協によるスポーツ振興法の制定の要求は，体協に対する国庫補助の法制化を主なねらいとしていた[2]．

3 斉藤の研究

フランスは，スポーツに関する特別な法律として，「身体的およびスポーツ的活動の組織および促進に関する1984年7月16日法律84-610号」（以下，スポーツ基本法あるいは1984年法）を持っている．斉藤は，このスポーツ基本法の動態的な形成過程を詳細に記述している．記述の結果，スポーツ基本法の形成に関する歴史過程は，次の3つの特徴を持つと結論づけている．

第1は，スポーツ基本法の特殊な体系を基礎づける主要な基本原則の形成である．1984年法は，① スポーツをする権利，② スポーツ団体の構造，③ 国とスポーツ団体の関係，④ 体育・スポーツ教育の国民教育への統合，それぞれに関する原則を定めた．

第2は，一般法から特別法を経て基本法へと展開されるスポーツ国家法の段階的な発展の歴史である．1984年法は，① スポーツに関する一般法からスポーツ特別法へ，② スポーツ特別法から原初的なスポーツ基本法へ，さらに③ 基礎的体系的なスポーツ基本法へと体系化されていく歴史的過程である．

第3は，スポーツ基本法の形成に作用した諸力と諸事実の歴史的過程の動態である．政府，政党，政治家，担当官庁，担当大臣，スポーツ関連団体およびその他の関係団体が，1984年法の形成に関与した[3]．

4 加藤の研究

加藤は，日本におけるスポーツの政策形成を（1）従来からのスポーツ政策を踏襲するルーティン型（官僚主導型の政策形成）と（2）従来からの政策とは違った新たな政策の展開を指向する非ルーティン型（政治家主導による政策形成）の2種類に分類し，次のように述べている．

（1）現実の政策形成では，官僚主導によるルーティン型が圧倒的に多く，各省庁の担当課は予算の箇所付け等に際して裁量権をもっている．しかし従来，この過程はブラック・ボックスとして扱われ，まったく解明されてこなかったとする．他方，（2）政治家主導による非ルーティン型の政策形成の代表である「スポーツ振興くじ法」制定に際しての問題の認識・定義において，文部省

体育局の官僚が体協やJOCとともに，どのような役割を果たしたかに関しては，全く不明であるとしている．そして今後は，分析手法やモデルに注意を払いつつ，上述の2つのスポーツ政策形成過程に関する実証研究を積み重ねていく必要性を指摘している[4]．

　加藤によれば，「スポーツ振興くじ法案」をめぐる政治過程に関する先行研究は，本法案が議員立法として提出された理由を解明していない．またほとんどの先行研究の場合，新聞報道を主な情報源としている．そこで加藤は，「なぜ」スポーツ振興くじ法案がスポーツ議員連盟主体の議員立法によって制定されたのかを，主として国会議事録の参照によって解明しようとした．分析の結果，次の4つの実態を明らかにした．

　（1）1992年，宮澤内閣の鳩山邦夫文部大臣は，体協とJOCによる法制定の要望書があくまでも各政党に宛てたものであると前置きした上で，「もしそのような法案がということであれば，当然，議員立法という形をとっていくのでありましょうか」と述べた．（2）逸見博昌文部省体育局長は，自民党からの指示を受けて法制定に向けた調査・検討を行っている．これらのことより，制度法案化の段階で，自民党文教族と文部省が大きな役割を果たしたと判断される．（3）法案提出者にも，同法案はギャンブル法案であるという認識があった．この批判をかわすための一方策として，スポーツ議員連盟は自らが主体となって法案をまとめた．（4）政界再編にともない積極的に議員立法を試みようとする国会内の雰囲気が，同法案成立の追い風になった[5]．

5　小　括

　われわれは，定性的研究であれ定量的研究であれ，実証研究に際しては，特定の明確な概念と理論的枠組にもとづく分析によってはじめて，分析結果から理論構築を行うことができると考える[6]．上述のように，理論的枠組にもとづかない実証研究は，注目すべき変数および変数間の関係が定まらず，現象の解明に不可欠な因果関係の特定が困難である．

　内海，関，斉藤，加藤の歴史分析は，現代の日本のスポーツ政策形成やフラ

ンスのスポーツ基本法に関する理解を深めるために重要である．しかし，これ
ら４つの歴史分析はいずれも，特定の明確な概念と理論的枠組にもとづいた研
究ではなく，スポーツ政策形成に関する理論構築を行っていない．

II ▶スポーツ政策形成の実証分析

1 ホーリハンの研究

　ホーリハンは，英語圏５ヶ国（オーストラリア，カナダ，アイルランド，イギリス，
アメリカ）のドーピングに関する政策形成と政策の実行の比較分析を試みてい
る．比較分析は，ダウンズによって提示された「問題―関心サイクル(issue-atten-
tion cycle)」にもとづいて試みられている[7]．

　問題―関心サイクルによれば，「政策（問題と政策案）は，最初は人々の関心
を引くが，次第に食傷気味になり，最終的に人々の視界から消えていく」とい
うライフサイクルにしたがう．人々は政策の実施コストを認識すると，当初の
問題意識や楽観的な考え方を持ち続けることができないからである．このよう
な問題―関心サイクルは，後述する政策形成を説明する４つのアプローチのう
ちの政策アイディアアプローチにあてはまる．

　分析の結果，次の３つのプロセスは５ヶ国で共通しており，問題―関心サイ
クルの妥当性を支持していた．（１）オリンピックでのドーピング失格という
衝撃的事件等により，問題が認識・定義され，発足した調査委員会において既
存の政策の見直しが行われた．（２）IOCの指導を受けつつ，政策案が調査委
員会によって生成・特定化された．（３）政府による徹底的な統制のもとで，
決定・正当化された政策が実行された[8]．

2 中村の研究

　中村は，日本，イギリス，アイルランド，オーストラリアの４ヶ国のさまざ
まなスポーツ政策形成の事例研究を試みている[9]．中村（2002）の第６章では「日
本戦時体育行政における集権統治型ネットワークの原型」，第７章では「現代

日本スポーツ行政をめぐる政策ネットワーク」をそれぞれ政策ネットワークにもとづいて分析している．政策ネットワークは，後述する政策形成を説明する5つのアプローチのうちの集団・ネットワークアプローチにあてはまる．

　第6章では，日本におけるスポーツ行政の原型を形成した戦時期体育行政の事例分析を試み，次の3点を明らかにした．

　（1）厚生省体育局は，関係アクターとの調整に苦しみながらも，典型的な行政主導型体育振興を展開していた．この時期の厚生省所管の体育振興は，後に文部省に取って代わられるが，戦後のスポーツ行政の基本形を確定・固定化した．（2）体育局による上意下達の「国民体育」は，侵略戦争の遂行・拡大に向けた「心身鍛練」や「修練」の国家的手段になった．（3）大日本体育会(1942年4月発足．以下，体育会) の設立により，厚生・文部両省に分かれていた体育行政の一元化が図られた．体育会の設立は，錬成体制の機構的確立に向けた1つの帰結であった．

　第7章では，現代日本のスポーツ行政，特に1998年5月に成立したスポーツ振興くじ法案の政策形成の事例を分析し，次の8点を明らかにした．

　（1）スポーツ政策をめぐる法案や草案の担い手は他の政策分野と同様に行政官僚であり，文部省体育局がその中心に位置する．（2）スポーツ振興くじ法の政策形成は，その時々の政治的重要課題をめぐる各政党間あるいは党内での摩擦の影響や「政治力学」に翻弄された．（3）スポーツ政策そのものの政治における優先順位の低さが政治過程に露骨な形で反映されていた．（4）政党間の摩擦や調整における方向性を左右したキーパーソン的な政党が存在した．（5）くじ導入に反対する国会外の諸アクターが，法案の提出阻止にかなりの影響力を及ぼした．（6）他省庁との利害調整が自民党内でのそれと連動していた．（7）くじ導入をめぐる是非について議論がかみ合っていなかった．（8）体協やJOC傘下の「スポーツ界」は，立法府や行政府にスポーツ財源の充実を働きかける努力を放棄し続けた．[10]

3 ホーリハン＆グリーンの研究

　ホーリハン＆グリーンは，1990年代以降のイギリスにおいて，学校スポーツと体育という政策課題の重要性が急激に高まった原因を明らかにしようとした．彼らは，急激な変化の説明要因として，① 価値観や概念の変化，② 利益集団の活動，③ 組織機構や資源配分の制度変化，④ 政策企業家の影響の4つを取りあげ，2つの政策形成の理論的枠組である唱道連携モデルと政策の窓モデルにもとづいて分析を試みている．事例のデータは，① 公表資料の検討と② 政策形成・実行に関わった9名への聴き取り調査によって収集されている．分析の結果，次の3点が明らかになった．

　（1）学校スポーツと体育に対する熱意と政策への影響力を備えたスー・キャンベルが，さまざまな政策提言を行うとともに，活用可能なあらゆる資源を動員した．（2）学校スポーツと体育という政策課題に関しては，有力な利益集団は存在せず，価値観や概念についてのコンセンサスが存在しない状況にあった．（3）こうしたなかで，スー・キャンベルは，問題，政策，政治の3つの流れを合流させる政策起業家としての役割を果たし，旧くから政府の関心の低かった学校スポーツと体育という政策課題に対する注目を高めることに成功した．

　最終的に，ホーリハン＆グリーンは，政策の窓モデルは，唱道連携モデルに比して，学校スポーツと体育の政策課題の急激な高まりを説明できる有効な政策形成の理論的枠組であると結論づけている[11]．

4 小　括

　政策形成は，（1）政策形成システムの境界があいまいである，（2）参加者の参入・退出が容易である，（3）多様な参加者にパワーが分散している，（4）政策形成プロセスは種々の偶然性に左右される，このため，（5）政策の正式な決定・正当化は単一組織の意思決定と較べて非常に困難である，という性質をもつ複雑な現象である[12]．

　この政策形成には，次のような4つの特徴がある．すなわち，① 安定性（政

策形成のあり方が長期にわたり安定している）, ② 大きな変化 （政策形成のあり方が大きく変化する）, ③ 分野ごとの差異 （政策形成のあり方が政策分野によって異なる）, ④ 国ごとの差異 （政策形成のあり方が国によって異なる）である[13].

研究者たちは, 政策形成の4つの特徴を説明するために, さまざまな「アプローチ」を開発してきた. 代表的なアプローチとしては, 1) 制度アプローチ, 2) 集団・ネットワークアプローチ, 3) 外生的要因アプローチ, 4) 合理的選択アプローチ, 5) 政策アイディアアプローチの5つがある. 各アプローチの内容は次のとおりである.

1) 制度アプローチは, 議会, 官僚組織, 法制度といった制度要因が, 政策形成に及ぼす影響を説明する.

2) 集団・ネットワークアプローチは, 政治制度内部と周辺の公式・非公式の集団あるいはネットワークが, 政策形成に及ぼす影響を説明する.

3) 外生的要因アプローチは, 社会および経済の要因が, 政策形成に及ぼす影響を説明する.

4) 合理的選択アプローチは, 個人の選好および参加者間の駆け引きを通じた合理的選択が, 政策形成に及ぼす影響を説明する.

5) 政策アイディアアプローチは, 参加者の利害ではなく政策アイディアの良否が, 政策形成に及ぼす影響を説明する.

これら5つのアプローチは, 政策形成が唯一の要因によって説明されるという長所と, 政策形成の複雑性が過度に単純化されるという短所を, あわせもっている点で共通している[14].

上述のホーリハンの研究が依拠している「問題—関心サイクル」アプローチの場合, 政策アイディアの良否が政策形成に及ぼす影響を説明しているのみである. 中村の研究が依拠している「政策ネットワーク」アプローチの場合, 集団・ネットワークが政策形成に及ぼす影響を説明しているにすぎない. 以上の観点に立てば, 1つのアプローチに依拠したホーリハンの研究と中村の研究は, いずれも政策形成に関して部分的な理論構築しか行っていない.

注

1）内海（1993）.

2）関（1997）, pp. 73-74, pp. 156-157, pp. 368-379.

3）斉藤（2007）, pp. 971-1005.

4）加藤（2004）, pp. 15-22.

5）加藤（2009）, pp. 21-28.

6）小島・平本（2022）, p. 1 .

7）Downs（1972）.

8）Houlihan（1997）, 池田（1998）.

9）中村（2002）.

10）*ibid.*, pp. 10-13.

11）Houlihan & Green（2006）.

12）小島・平本（2022）, p. 12.

13）*ibid.*, pp. 12-13.

14）*ibid.*, p. 13.

第3章

新・政策の窓モデル

　こうしたなか，第2章において述べた5つの政策形成のアプローチを統合したさまざまな「理論的枠組」が開発されてきた．そのうち，1）サバティエの唱道連携モデル[1]，2）キングダンの政策の窓モデル[2]，3）ボームガートナー＆ジョーンズの断続的均衡モデル[3]，4）ジョンの進化的モデル[4]，5）小島の改訂・政策の窓モデル[5]，6）小島・平本の新・政策の窓モデル[6]は，いずれも現代の政策形成プロセスの複雑性を前提にして，説得力のある因果メカニズムを解明しようとしている．したがって，6つのモデルは，いずれも政策形成の解明に挑戦する際の優れた理論的枠組である[7]．

　このうち，6）新・政策の窓モデルは，2）政策の窓モデルの（1）政策形成の大部分が説明可能である，（2）直感的に理解可能である，（3）優れたプロセス概念が採用されている，（4）偶然性とパターンをともなう現象が説明可能である，（5）突然の劇的な政策変化が分析可能である，の5つの長所を引き継いでいる．さらに，新・政策の窓モデルには，（6）政策形成がより能動的な知識創造プロセスとして分析可能である，（7）政策形成が準備期・形成期・実現期の普遍的な区分により動態的に分析可能である，という2つの長所が新たに付け加えられている[8]．

　本研究は，スポーツ庁設置の政策形成の事例研究である．事例研究に際しては，特定の明確な概念と理論的枠組にもとづく分析を試み，分析結果から理論構築を行う．その際，新・政策の窓モデルは，政策形成を分析するための極めて有効な理論的枠組と考えられる．したがって，本研究では，新・政策の窓モデルを採用する．

I ▶ モデルの射程

政策の形成・実行は，図3-1に示されるように，①問題の認識・定義にもとづくアジェンダの設定，②複数の多様な政策案の生成・特定化，③政策案の選択による正式な決定・正当化，④決定・正当化された政策の実行の4つのプロセスからなっている．

①と②のプロセスのどちらが時間的に先行するかは，政策ごとに異なる．また，4つのプロセスのうちのあるプロセスの成功は，他の残りのプロセスの成功を必ずしも意味しない．政策の窓モデルそしてそれを改良した新・政策の窓モデルは，図3-1の③「正式な決定・正当化」と④「政策の実行」の前提となる，①「アジェンダの設定」と②「政策案の生成・特定化」の2つのプロセスに焦点を合わせ，①，②，③の3つのプロセスを分析・解明しようとするモデルである[9]．

II ▶ モデルの概要

図3-2は，新・政策の窓モデルの概念図である．以下この概念図を用いて

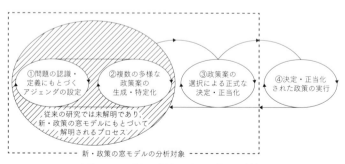

図3-1　新・政策の窓モデルの射程

出所：小島・平本（2022），p. 17.

新・政策の窓モデルの概要を説明する.

　新・政策の窓モデルでは，特定の政策の長期にわたる形成プロセスは，準備期，形成期，実現期の3期に区分して分析される．政策形成システムにおいては，独自のパターンをもった3つの流れがある．これらの流れは，上から順に，問題の流れ，政策の流れ，政治の流れである．いずれの流れも，左から右へ時間の経過とともに流れていく．このうち問題の流れと政治の流れは，特定の時点に，政策の窓が開くことによって政策の流れに合流する．次に，3つの流れおよび，各期末における合流と問題・政策・政治の結び付きを順に説明する.

　問題の流れ：まず，問題の流れの岸にいる参加者が，認識・定義した問題を問題の流れに投げ込む．この問題は，開いた問題の窓を通って，政策の流れに入り浮遊する．さらに，問題の窓が開くことを契機に，問題が認識・定義され，それぞれ問題の流れの中に湧き出る．これら問題は，開いた問題の窓を通って，政策の流れに入り浮遊する.

　政策の流れ：政策の流れの岸にいる参加者は，生成・特定化された政策案を，それぞれ政策の流れに投げ込む．その結果，これら政策案が政策の流れに浮遊する.

　政治の流れ：まず，政治の窓が開くことを契機に，政治が生成・展開され，それぞれ政治の流れの中に湧き出る．これら政治は，それぞれ開いた政治の窓を通って，政策の流れに入り浮遊する．さらに，政治の流れの岸にいる参加者が，生成・展開された政治を政治の流れに投げ込む．この政治は，開いた政治の窓を通って，政策の流れに入り浮遊する.

　期末の合流と結び付き：準備期末と形成期末のアジェンダ，政策状況，政治状況の3つは十分な内容を備えず，結び付きはいずれも不十分で，部分的なパッケージしか構成されず，政策は決定・正当化されない．他方，実現期末のアジェンダ，政策状況，政治状況の3つは，いずれも当該政策を実現するのに必要にして十分な内容を備えており，相互に結び付いており，完全なパッケージが構成され，政策は決定・正当化される[10].

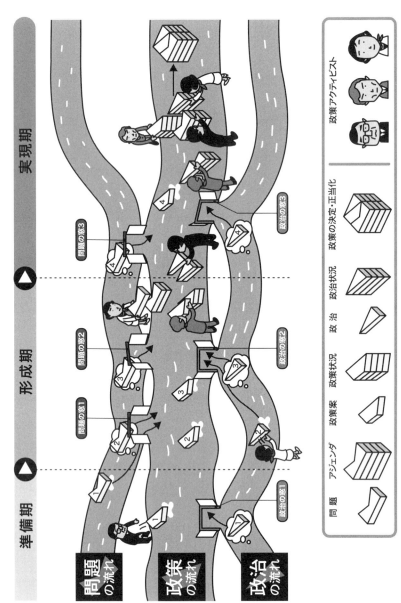

図3−2 新・政策の窓モデルの概念図

出所：小鳥・平本 (2022), p. 42.

第3章 新・政策の窓モデル 19

III ▶ モデルの構成概念

新・政策の窓モデルを構成する13の概念を以下説明する.

〔1〕参加者

参加者は, ① 政府内部の参加者と② 政府周辺の参加者に区別される. ① 政府内部の参加者としては, 首相, 官房長官を含む大臣, 議員・国会, キャリア官僚, 議院法制局があげられる. 首相は政府を代表する. 官房長官を含む大臣は, 首相の承認と指揮系統の中で自らの権限を獲得している. 議員は, 法律案の提出, 国会の委員会での質問, 自らの構想の公表等を行う. キャリア官僚は, 政策案の生成・特定化ならびにその政策の実行に主たる関心を払う. 議院法制局は, 国会議員の法制に関する立案を補佐する.

他方, ② 政府周辺の参加者としては, 利益集団, 研究者, メディア, 選挙公約・政党綱領, 世論があげられる. 利益集団は, 最も重要な政府周辺の参加者である. 研究者は, 政府委員会の委員等に就任し政策形成に短期的に影響を及ぼす. メディアは, 政府内で起きる出来事の報道にもっぱら力点をおく. 選挙公約や政党綱領は, 政党が選挙に勝利した場合の約束を表現したものである. 世論とは, 政治家が感じとる「世の中の雰囲気」である[11].

〔2〕政策形成の場

政策形成の場とは, 「政策形成のために特定の参加者によって共有された動的なコンテクスト」として定義される. この政策形成の場には, 物理的な空間だけでなく, 心理的な空間やICTによる時空間を超えた仮想空間等も含まれる. 政策形成が進展するためには, 政策形成の場が不可欠である[12].

〔3〕問題

問題とは, 「政策形成のある特定の時期に, 政府内部と周辺の参加者が注目

しているテーマ」である．参加者によって問題が認識・定義されるためには，それに先だって状況が把握されなくてはならない．参加者が状況を把握する手段は，① 数値指標，② 注目の出来事，③ フィードバックの３つである．これらの手段によって把握された状況が，参加者によって不適切であると判断されてはじめて，当該状況が問題として認識・定義される[13]．

〔4〕アジェンダ

　アジェンダとは，「複数の問題のリスト」と定義される．ある時点で認識・定義される問題に，次の時点で認識・定義される新たな問題が追加されることで「複数の問題のリスト」，すなわちアジェンダとなる[14]．

〔5〕政策案

　政策案とは，「政策形成に際して問題の答えになりうるアイディアや方法」である．なお，新・政策の窓モデルでは，① 生成・特定化された「政策案そのもの」と，②「政策案の出現に至る生成・特定化の活動」の双方が考慮される．この結果，参加者による政策案の生成・特定化がより詳細に解明される[15]．

〔6〕政策状況

　政策状況とは，「複数の政策案のリスト」と定義される．ある時点で生成・特定化される政策案に，次の時点で生成・特定化される新たな政策案が追加されることで「複数の政策案のリスト」，すなわち政策状況となる[16]．

〔7〕政治

　政治は，政策形成の分析にとって外生的ではなく，不可欠の要素である．この政治は，① 政府関係者の交替，② 政府内部の管轄争い，③ 利益集団の活動，④ 国民のムードの変化の４つからなっている．① 政府関係者の交替のうち最も重要なのは，「政権交代」である．それ以外の政府関係者の交替は，国会議員の交替やキャリア官僚の交替である．② 政府内部の管轄争いは，政府省庁

や国会の委員会が「裁量がおよぶ範囲」をめぐり主張することである．③ 利
益集団の活動は，政府内部と周辺の参加者の認識に影響を及ぼす．④ 国民の
ムードの変化は，国内の風潮，世論の変化，広範な社会運動等さまざまに呼ば
れる[17]．

〔8〕政治状況

　政治状況とは，「複数の政治のリスト」と定義される．ある時点で生成・展
開される政治に，次の時点で生成・展開される新たな政治が追加されることで
「複数の政治のリスト」，すなわち政治状況となる[18]．

〔9〕政策の窓

　政策の窓とは，「政策アクティビストが自らの得意な政策案を推し進める，
あるいは特定の問題を参加者に注目させる好機」である．政策の窓は，問題の
流れの中の出来事，あるいは，政治の流れの中の出来事のいずれかによって開
く．したがって，政策の窓には，問題の窓と政治の窓の2種類がある．政策の
窓は通常予期せずに開く[19]．

〔10〕パッケージと政策の決定・正当化

　問題，政策，政治の3つすべてが結び付いた(coupling)完全なパッケージ(pack-
age)（以下，完全なパッケージ）が構成される場合，特定の政策は決定・正当化さ
れる．他方，部分的に結び付いたパッケージ（以下，部分的なパッケージ）の場合，
特定の政策は決定・正当化されない[20]．

〔11〕政策アクティビスト

　政策アクティビストとは，「自らが賛成する政策の実現を期待して，自らの
資源（注目，関与，時間，エネルギー等）を進んで投じ，政策の実現を目指す参加
者」である．一般に政策アクティビストは，次の4つの場合に観察される．(1)
自らが関心を払う特定の問題に対する注目度をあげる．（2）自らが得意とす

る政策案を推し進める．（3）問題，政策，政治の3つを結び付け，パッケージを構成しようとつとめる．（4）政策形成の場を主体的に設定する[21]．

〔12〕波及

波及とは，ある政策が，他の政策に連鎖的に影響を及ぼす状況である．画期的な法律が通過したり，影響力の大きい最終決定が行われたりすると，それが新たな原則となる[22]．

〔13〕3期間モデルによる年代記分析

3期間モデルは，事例を準備期，形成期，実現期の3つの期間に区分して記述・分析する方法である．年代記分析は，事例研究の事象を経時的に追跡する方法であり，事象の因果関係を正確に確定できる利点がある[23]．

IV ▶研究方法とデータ収集

分析は次の手順で行われる．

まず，スポーツ庁設置の政策形成の全プロセスを，はじまり＝準備期，途中＝形成期，終わり＝実現期の3期に区分する．具体的には，準備期は，スポーツ議員連盟結成から「スポーツ振興に関する懇談会」設置前まで（1947年8月〜2006年12月）である．形成期は，「スポーツ振興に関する懇談会」設置後から「スポーツ基本法案」の成立まで（2006年12月〜2011年6月）である．実現期は，「スポーツ基本法案」成立後から「スポーツ庁設置法案」成立まで（2011年6月〜2015年5月）である．そして，各期における参加者の行動ならびに行動間の相互関係を年代順（年月日順）に記述する．

次に，全3期における参加者の行動ならびに行動間の相互関係を年代記分析によって解明する．この年代記分析を通じて，スポーツ庁設置の政策形成を解明し，発見事実を析出する．

本研究では，1）参加者に対する聴き取り調査や未公刊の内部資料等のオリ

第 3 章 新・政策の窓モデル 23

ジナルデータと，2）種々の雑誌・新聞記事，研究論文，書籍等の 2 次データ
を用いる．聴き取り調査の対象となった参加者は，① 遠藤利明（衆議院議員），
② 馳浩氏（衆議院議員），③ 河野一郎氏（日本スポーツ政策推進機構代表理事），④
仙台光仁氏（元スポーツ庁参事官），⑤ 高橋義雄氏（筑波大学准教授），⑥ 松浪健四
郎氏（日本体育大学理事長），⑦ 今村裕氏（日本体育大学常務理事）の 7 名である．

注
1 ）Sabatier（1988）.
2 ）Kingdon（2011）.
3 ）Baumgartner & Jones（1993）.
4 ）John（2012）.
5 ）小島（2003）.
6 ）小島・平本（2022）. 新・政策の窓モデルは，2 ）政策の窓モデルさらには 5 ）改訂・
　政策の窓モデルを改良したモデルである．
7 ）*ibid.*, pp. 14-16.
8 ）*ibid.*, pp. 45-50.
9 ）*ibid.*, pp. 17-19.
10）*ibid.*, pp. 41-45.
11）*ibid.*, pp. 27-31.
12）*ibid.*, p. 31.
13）*ibid.*, pp. 31-32.
14）*ibid.*, pp. 32-33.
15）*ibid.*, p. 26, pp. 33-34.
16）*ibid.*, p. 26, pp. 34-35.
17）*ibid.*, pp. 35-37.
18）*ibid.*, pp. 37-38.
19）*ibid.*, p. 38.
20）*ibid.*, p. 39.
21）*ibid.*, pp. 39-40.
22）*ibid.*, p. 40.
23）小島・平本（2022）, p. 40.

第4章

準備期（スポーツ議員連盟結成から「スポーツ振興に関する懇談会」設置前まで　1947年8月～2006年12月）の事例とその分析

1　戦後のスポーツ政策（1）──行政機構の変遷

　スポーツに関する事務を所管する行政機構は，1878年の文部省（現，文部科学省）直轄の体操伝習所創設（1886年廃止）にまで遡る[1]．この伝習所を中心にして，近代体操の研究・普及，体操教員の養成が行われた[2]．その後，1900年，文部省大臣官房に学校衛生課が新設された[3]．1924年，体育に関する研究と指導を行うため，文部省直轄の体育研究所が創設された[4]．1928年，文部省分課規程の改正によって，学校衛生課は体育課に改称された[5]．1929年，文部大臣の諮問機関として体育運動審議会が設置され，以後，体育行政は学校衛生行政をも含んで推進されることになった[6]．

　1938年1月，厚生省（現「厚生労働省」）が創設された[7]．これにより，学校体育を除く社会体育は，文部省から厚生省体力局の所管に移された[8]．他方，文部省でも，国民体位の向上・国防能力の向上のための学徒の保健衛生・体育向上の施策が強化された．1941年，体育局が大臣官房体育課を昇格させる形で新設された[9]．しかし，学徒動員が強化され，体育活動が衰微したため，1945年7月，体育局は新設された学徒動員局に併合された[10]．

　終戦直後の1945年9月，学徒動員局に併合されていた体育局が復活した[11]．1946年1月，厚生省所管の社会体育行政が文部省に統合され，日本の体育行政は文部省に一元化された[12]．1949年6月，新たに制定された文部省設置法によって，新しい文部省の組織と任務が明確にされたことにともない，体育局は廃止された[13]．学校の保健衛生に関する事務と学校体育に関する事務は初等中等教育局に，社会体育に関する事務は社会教育局にそれぞれ移された[14]．

　図4-1は，1958年以降の体育局ならびにスポーツ・青少年局の変遷を示し

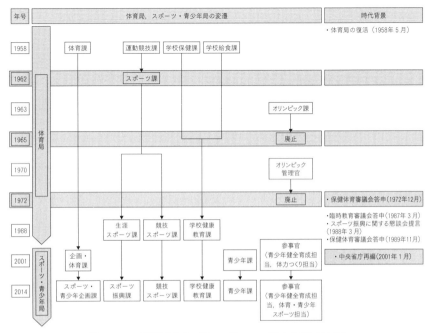

図4-1　体育局ならびにスポーツ・青少年局の変遷

出所：文部科学省（2014），p. 40.

ている．以下図4-1について説明する．

　1955年頃になると，スポーツの発展のため行政機構の整備を求める声が高まった．これを受けて，1958年5月，文部省は体育局を復活させた．以来，体育局は，体育課，スポーツ課（1962年3月までは運動競技課），学校保健課，学校給食課の4課で構成されてきた．この体育局のスポーツ政策の特徴は，成人のスポーツを教育の1分野，すなわち，社会教育における「社会体育」と捉えることであった．また発足当初から現在まで，「学校体育」をより重視した姿勢を堅持してきたことである．

　しかし，スポーツに対する国民のニーズの増大と多様化にともない，また，日本選手の競技力の向上を図るため，行政の積極的な対応が必要になった．したがって，1988年7月，スポーツ課を生涯スポーツ課と競技スポーツ課に分離

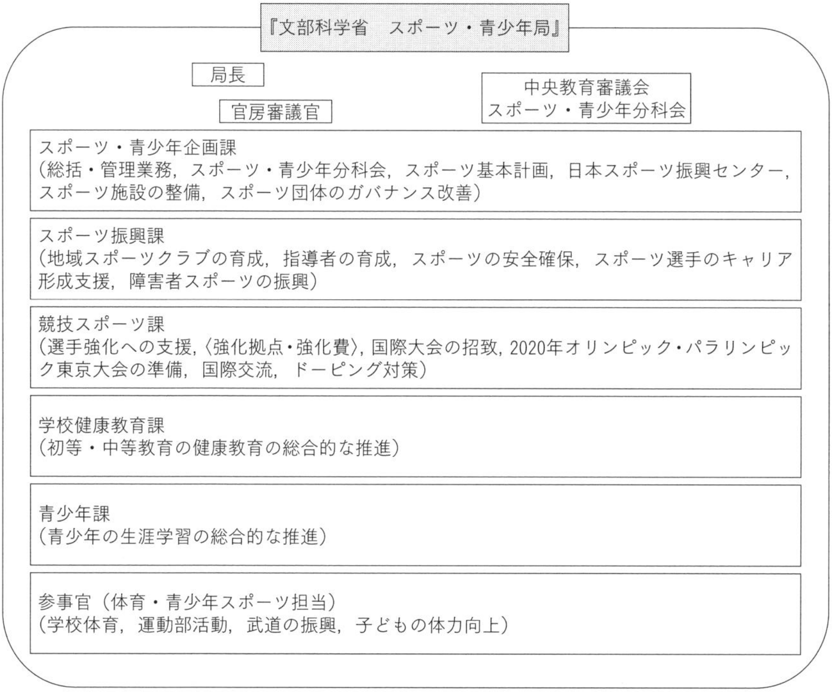

第4章 準備期(スポーツ議員連盟結成から「スポーツ振興に関する懇談会」設置前まで 1947年8月～2006年12月)の事例とその分析 27

『文部科学省 スポーツ・青少年局』

局長
官房審議官

中央教育審議会
スポーツ・青少年分科会

スポーツ・青少年企画課
(総括・管理業務, スポーツ・青少年分科会, スポーツ基本計画, 日本スポーツ振興センター, スポーツ施設の整備, スポーツ団体のガバナンス改善)

スポーツ振興課
(地域スポーツクラブの育成, 指導者の育成, スポーツの安全確保, スポーツ選手のキャリア形成支援, 障害者スポーツの振興)

競技スポーツ課
(選手強化への支援, 〈強化拠点・強化費〉, 国際大会の招致, 2020年オリンピック・パラリンピック東京大会の準備, 国際交流, ドーピング対策)

学校健康教育課
(初等・中等教育の健康教育の総合的な推進)

青少年課
(青少年の生涯学習の総合的な推進)

参事官(体育・青少年スポーツ担当)
(学校体育, 運動部活動, 武道の振興, 子どもの体力向上)

図4-2 文部科学省スポーツ・青少年局の組織図(2014年3月)

出所:川人・渡辺(2015), p. 22の図表3より作成.

した[19]. 同時に, 健康教育を充実する必要があった[20]. そこで, 学校保健・学校安全と学校給食をそれぞれ所管する学校保健課と学校給食課を統合して, 学校健康教育課を設置し, 健康教育の総合的な推進を図ろうとした[21].

2001年1月, 中央省庁再編にともない, 体育局をスポーツ・青少年局に名称変更し, 体育課を企画・体育課に変更し, 青少年課を新設した. また新たに参事官をおき, 青少年健全育成と体力づくりを担当とした.

2014年3月, 企画・体育課をスポーツ・青少年企画課, 生涯スポーツ課をスポーツ振興課にそれぞれ名称変更した. また参事官の担当を青少年健全育成担当, 体育・青少年スポーツ担当に変えた. このため, 図4-2に示すように, スポーツ・青少年局は, スポーツ・青少年企画課, スポーツ振興課, 競技スポー

28

ツ課, 学校保健教育課, 青少年課, 参事官 (青少年健全育成担当, 体育・青少年ス
ポーツ担当) の5課1参事官に編成された.

　表4-1は文部科学省の所掌事務, 表4-2はスポーツ・青少年局の所掌事務
をそれぞれ示している.

2　戦後のスポーツ政策 (2)――複合的な政策分野

　表4-3に示すように, スポーツは, 多くの府省庁が関与する複合的な政策
分野である.

　文部科学省は, 地方自治体の教育委員会とともに, 教育行政の一環として,
日本のスポーツを中心となって推進してきた. すなわち, 学校体育や運動部活
動等の「学校スポーツ」, 社会体育としての「地域スポーツ」, オリンピックや
世界選手権等の国際競技大会の開催や参加, トップアスリートの育成・強化と
いった「競技スポーツ」等, 多くの施策を所管してきた. 以前は, プロスポー
ツに関しても, 日本野球機構 (NPB), 日本プロサッカーリーグ (Jリーグ), お
よび日本プロスポーツ協会を所管してきた (2006年6月の公益法人制度改革以降は,
公益社団法人・公益財団法人の所管は内閣府に変わった).

　経済産業省は, スポーツ用品・用具産業やゴルフ・スキー・ボウリング等の
レジャー産業, フィットネスクラブ等の健康サービス産業を所管してきた. 学
校スポーツとともに日本の競技力の基盤となってきた企業スポーツは, 文部科
学省と経済産業省の境界分野といえる.

　厚生労働省は, 自治体の健康・体力づくり事業や介護保険法にもとづく介護
予防サービス, 全国健康福祉祭 (ねんりんピック) のイベント等, 健康・保健・
福利厚生の運動・スポーツ振興を所管してきた.

　外務省は, スポーツを通じた国際交流を所管してきた.

　国土交通省は, 国民体育大会等の競技大会の会場となる総合公園や運動公園
の施設整備を所管してきた.

　環境省は, 自然公園等の施設整備等を所管してきた.

　観光庁は, スポーツツーリズムの振興を所管してきた.

第4章 準備期(スポーツ議員連盟結成から「スポーツ振興に関する懇談会」設置前まで 1947年8月〜2006年12月)の事例とその分析　　29

表4-1 所掌事務（文部科学省設置法）

（所掌事務）
第四条　文部科学省は，前条の任務を達成するため，次に掲げる事務をつかさどる．
七十六　スポーツの振興に関する企画及び立案並びに援助及び助言に関すること．
七十七　スポーツのための助成に関すること．
七十八　国際的又は全国的な規模において行われるスポーツ事業に関すること．
七十九　スポーツに関する競技水準の向上に関すること．
八十　　スポーツ振興投票に関すること．

出所：文部科学省（2014），p. 7.

表4-2 文部科学省組織令が規定するスポーツ・青年局の所掌事務

課名	所掌事務
スポーツ・青少年企画課	（スポーツ・青少年企画課の所掌事務） 第七十九条　スポーツ・青少年企画課は，次に掲げる事務をつかさどる 一　スポーツ・青少年局の所掌事務に関する総合調整に関すること 二　スポーツの振興に関する基本的な政策の企画及び立案に関すること 三　スポーツのための助成に関すること 四　公立及び私立のスポーツ施設の整備に関する指導及び助言に関すること． 五　公立のスポーツ施設の整備のための補助に関すること 六　私立学校教育の振興のための学校法人その他の私立学校の設置者，地方公共団体及び関係団体に対する助成に関すること 七　スポーツ振興投票に関すること 八　中央教育審議会スポーツ・青少年分科会の庶務に関すること 九　独立行政法人評価委員会スポーツ・青少年分科会の庶務に関すること 十　独立行政法人JSCの組織及び運営一般に関すること 十一　前各号に掲げるもののほか，スポーツ・青少年局の所掌事務で他の所掌に属しないものに関すること
スポーツ振興課	（スポーツ振興課の所掌事務） 第八十条　スポーツ振興課は，次に掲げる事務をつかさどる 一　スポーツの振興に関する企画及び立案並びに援助及び助言に関すること 二　スポーツのための補助に関すること 三　国際的又は全国的な規模において行われるスポーツ事業に関すること 四　スポーツの振興に係る国際文化交流の振興に関すること 五　体力の保持及び増進の推進に関すること 六　地方公共団体の機関その他の関係機関に対し，スポーツに係る専門的，技術的な指導及び助言を行うこと 七　スポーツの指導者その他の関係者に対し，スポーツに係る専門的，技術的な指導及び助言を行うこと

競技スポーツ課	（競技スポーツ課の所掌事務） 第八十一条　競技スポーツ課は，次に掲げる事務をつかさどる 一　スポーツに関する競技水準の向上に関すること 二　国際的又は全国的な規模において行われるスポーツ事業のうち，オリンピック競技大会，国民体育大会その他の国際的又は全国的な競技水準において行われるものに関すること
学校健康教育課	（学校健康教育課の所掌事務） 第八十二条　学校健康教育課は，次に掲げる事務をつかさどる 一　文部科学省の所掌事務に係る健康教育の振興に関する基本的な施策の企画及び立案並びに調整に関すること
青少年課	（青少年課の所掌事務） 第八十三条　青少年課は，次に掲げる事務をつかさどる 一　青少年教育の振興に関する企画及び立案並びに援助及び助言に関すること 二　青少年教育のための補助に関すること 三　青少年教育に関する施設において行う青少年の団体宿泊訓練に関すること 四　公立及び私立の青少年教育施設の整備に関する指導及び助言に関すること 五　公立の青少年教育施設の整備のための補助に関すること 六　文部科学省の所掌事務に係る青少年の健全な育成に関する基本的な政策の企画及び立案並びに調整に関すること 七　青少年の健全な育成治推進のために必要な調査及び研究並びに情報及び資料の収集及び提供に関すること 八　地方公共団体の機関その他の関係機関に対し，青少年教育に係る専門的，技術的な指導及び助言を行うこと 九　教育関係職員，社会教育に関する団体，社会教育指導者その他の関係者に対し，青少年教育に係る専門的，技術的な指導及び助言を行うこと
参事官	（参事官の所掌事務） 第八十四条　参事官は，命を受けて，次に掲げる事務を分掌する 一　青少年スポーツの振興に関する企画及び立案並びに援助及び助言に関すること 二　青少年スポーツのための補助に関すること 三　学校における体育の基準の設定に関すること 四　国際的又は全国的な規模において行われるスポーツ事業に関すること 五　青少年スポーツの振興に係る国際文化交流の振興に関すること 六　青少年の健全な育成の推進に関すること 七　青少年の体力の保持及び増進の推進に関すること 八　地方公共団体の機関その他の関係機関に対し，青少年スポーツに係る専門的，技術的な指導及び助言を行うこと 九　教育関係職員，スポーツの指導者その他の関係者に対し，青少年スポーツに係る専門的，技術的な指導及び助言を行うこと

出所：文部科学省（2014），pp. 7 - 8 .

第4章 準備期(スポーツ議員連盟結成から「スポーツ振興に関する懇談会」設置前まで 1947年8月～2006年12月)の事例とその分析　31

表4-3　主な体育・スポーツ関係府省庁の施策

府省庁	施策
文部科学省	全般的な体育・スポーツの振興，スポーツ基本計画の推進等
経済産業省	フィットネス産業やスポーツ用品業等も含めたサービス産業支援等
厚生労働省	生活習慣病対策としての国民健康づくり，障害者及び高齢者スポーツ活動の振興等
外務省	スポーツを通じた国際交流等
国土交通省	都市公園等の整備・管理等
環境省	自然公園等の施設整備等
観光庁	スポーツツーリズムの推進等
内閣府	体力・スポーツに関する世論調査等

出所：文部科学省（2014），p. 6.

内閣府は，体力・スポーツに関する世論調査等を所管してきた.

3　スポーツ振興法の制定

① 社会教育法制定

1949年6月，制定された社会教育法の第2条（社会教育の定義）に「体育及びレクリエーションの活動を含む」という文言が挿入された[22]．体育・レクリエーションが，歴史上初めて，法規の対象に入った[23]．これにより，体育・レクリエーションは，憲法89条と社会教育法13条の規制を受けることになり[24]，スポーツ組織によっては，補助金を受給できなくなるだけでなく，その事務所が自治体の建物から立ち退きを迫られるものも生じた[25]．また体育局の廃止は，地方自治体での体育・スポーツ所管部局の縮小や体育・スポーツ分野の影響力の減少を招いた[26]．

他方，体協の場合，国体についての「補助」は，文部省の業務の委託という名目で実質的には受け続けた[27]．1950年度からは，国体は体協と文部省の共催となった[28]．

こうしたなか，体協は，1952年のヘルシンキ五輪，1956年のメルボルン五輪参加の財政問題を契機に，「スポーツ振興法」の制定を期待するようになった[29]．

すなわち，体協等は「スポーツ振興法」制定を補助金獲得のための手段として真剣に考えるようになった[30]．

1949年6月の社会教育法の制定以降，「スポーツ振興法」に言及した初めての公的文書は，1950年10月のスポーツ振興会議総会（名古屋）における決議「勤労者の体育保険振興策に関する件」の中での「レクリエーションの時間を挿入する法的根拠をつくる」であった[31]．しかし，この文書は，厳密には法律の制定を想定したものではなかった[32]．「スポーツ振興法」の制定を想定した最初の文書は，1953年6月の保健体育審議会答申「独立後におけるわが国保健体育レクリエーションならびに学校給食の振興方策」であった[33]．この答申には，国，地方公共団体の責務，施設整備，指導者養成，団体補助，振興委員会設置等が提案されており，「スポーツ振興法」の原型といえるものであった[34]．

答申を受けて，文部省は「スポーツ振興法」の検討を始めた[35]．これは，文部省西田課長による「社会体育振興法について考えているが，時期が悪いので控えている」との発言からも推測される[36]．

② スポーツ局設置案

1955年6月，厚生省内でのスポーツ局設置案が国会で議論された[37]．これに関して，体協，文部大臣，厚生大臣，自治大臣との会談が何度か持たれた[38]．特に体協は，すでに出した「スポーツ振興に関する意見書」（1955年7月）において，厚生省でのスポーツ局設置案を示していた[39]．他方，文部省は，その後，巻き返しを図りながら「国の補助金を円滑に出せる方法として「スポーツ振興法」という特別法制定の研究を続け」事態を静観した[40]．

1955年10月8日，体協は「スポーツ振興法」に関して，内藤文部省社会教育局長と懇談した[41]．続いて，11月30日，① 国体の地方持ち回り，② スポーツ局の設置，③ 体育振興法の立法化を決議した[42]．同年12月26日には，オリンピック派遣費用捻出をめぐる競輪法の寄付について議論した[43]．このように体協の国庫補助への期待は大きく，1956年3月15日にも「スポーツ振興法」について文部省と懇談した[44]．

第 4 章 準備期(スポーツ議員連盟結成から「スポーツ振興に関する懇談会」設置前まで 1947年 8 月～2006年12月)の事例とその分析 33

1957年 1 月 7 日，保健体育審議会は，答申「学校教育としての保健・給食・体育及び社会教育として行われる運動競技，レクリエーション等の振興に関する基本的方策について」のなかで「スポーツ振興のための法的措置について」を提案した[45]．つまり「全国的規模において行われる国内運動競技に要する経費を援助し，合わせて国内スポーツ施設の充実，その他スポーツの普及発達に必要な経費を援助するための法的措置が必要である」とした[46]．

さらに同年 1 月19日，体協は石橋内閣に対して「スポーツに関する意見書」を提出した[47]．意見書では，① 文部省内へのスポーツ局の設置，② 国体の経費全額国庫負担，③ 体協への補助，④ スポーツ審議委員会の設置を要求した[48]．

体協の財政困難は経営の逼迫をもたらした[49]．加えて，第 3 回アジア大会・東京開催（1958年 5 月24日～）は差し迫っていた[50]．東京五輪・パラリンピックのための国立競技場の建設も進んでいた[51]．

1957年 2 月15日，総理大臣の諮問機関としてスポーツ振興審議会も設置され，スポーツ問題の答申を単に文部省内のことではなく，政府全体の問題として検討する素地が形成されつつあった[52]．こうしたなか，同年 4 月17日，衆議院，26日，参議院文教委員会において「社会教育法一部改正案」が審議され，5 月 2 日，公布された[53]．

その内容は，第13条に付則 6 を加えたものである．法律の趣旨は，アジア大会の運営に関して，国から体協への補助金を合法化するためのものであった[54]．これにより，体協は1000万円の補助を受けることになった[55]．この参議院での議論に際しては，行政機構の整備や五輪招致等の付帯決議も加えられた[56]．

この社会教育法第13条の補助金禁止規定を緩和した例外規定は，これまで社会教育関係団体の自主性を保障するために採られてきた「ノーサポート・ノーコントロールの原則」を根底から覆すものであった[57]．これを契機に，文部省は，1957年時には「当分の間」としたものを 1 年後に全面「改正」するとして提案した[58]．これは，1959年 4 月の「社会教育法一部改正法案」（いわゆる大改正）の成立につながった[59]．

③ 東京五輪招致とスポーツ振興法制定に向けて

1952年7月28日，アジア大会の東京開催が決定した[60]．他方，東京都は1960年の第17回五輪の東京開催の誘致を始めていた[61]．このため，メインスタジアムの建設計画が持ち上がっていた[62]．1954年10月28日，有志国会議員による国立競技場建設促進協議会が設立された[63]．

1954年12月20日，衆議院において「本院はオリンピック大会の招致と，第3回アジア競技大会のための主競技場を国費を以て建設することを適当と認める」との決議が行われた[64]．その後，文部省は，アジア大会直前の1958年3月30日，国立競技場を完成させた[65]．

同年3月27日，さらに文部省は，アジア大会を乗り切るために，1949年以来の懸案事項であった体育局の復活（5月1日付）を決定した[66]．体育局の当面の仕事は，アジア大会の運営であった[67]．しかし，長期的な目標は，① 東京五輪招致と② スポーツ振興法の制定であった[68]．アジア大会は，5月24日から開幕された[69]．翌1959年，体育局は「スポーツ振興基本方策試案」を発表し，スポーツ振興法制定をはじめとする施策を提起した[70]．

体協の場合，1957年と1959年の社会教育法改正により，補助金は既に支給されていた．その点での障害はなかった[71]．しかし，体育指導員の法定化，スポーツ施設建設への補助金等残された問題は多々あった[72]．こうした問題も含めて，スポーツの独自法の制定は悲願であった[73]．そして情勢はその実現の機会を提供した[74]．

1958年5月1日に体育局が復活し，体育・スポーツ政策の統合的機関が設置された[75]．上述のように，体育局の長期的な目標は，① 東京五輪招致と② スポーツ振興法の制定であった[76]．このため，体育局では，その具体案の準備にかかり，第31回国会に法案を提出する予定であった[77]．体協も同法案の制定促進を協議した[78]．

同年11月29日，文部省と体協は，「スポーツ振興法制定促進全国期成会」を発足させた[79]．12月10日，期成会は要望書を作成し衆参両院議員に配布した[80]．また，この要望書と同時に，同法案提出にともなう文部省スポーツ予算5億7000

第4章　準備期(スポーツ議員連盟結成から「スポーツ振興に関する懇談会」設置前まで　1947年8月～2006年12月)の事例とその分析　　35

万円の内訳とスポーツ振興法要綱案を添付した[81].

　他方，文部省は，こうした動きと連動して，法案の具体的な作業準備に取り掛かった[82]. 1958年10月31日，まず，灘尾弘吉文相は，保健体育審議会に対して「スポーツ振興のための必要な立法措置及びその内容について」を諮問した[83]. 同年12月18日，審議会は，12項目からなる答申を提出した[84].

④ スポーツ振興法への進展

　文部省体育局は，この答申にもとづいて，法案の具体的な作成に入った. 他方，東京五輪招致をめぐる動きも活発化した[86].

　1958年11月19日，東龍太郎が体協会長を辞任した[87]. これは1964年の東京五輪の可能性が濃厚という情勢のもと，東京都知事選挙への立候補を意図したものであった[88].

　1959年に入ると，盛り上がっていたスポーツ振興法制定促進運動は，国会情勢の都合により一時的に停滞した[89]. しかし同年5月26日，第5回IOC総会において，1964年東京五輪開催が決定した[90]. 五輪開催の決定により，スポーツ行政にとって残された課題は，スポーツ振興法制定のみとなった[91].

　同年6月26日，スポーツ振興国会議員懇談会が結成された[92]. その規約には，スポーツ振興に関する各種の立法とその他の必要な援助事項が盛り込まれた[93].

　1960年8月下旬から9月上旬にかけて，ローマ五輪が開催された[94]. 同年10月18日，総理府は五輪東京大会準備対策協議会を設置した[95].

　1961年2月28日，スポーツ振興国会議員懇談会が開催され，スポーツ振興法を「議員立法」で第35回国会にて成立させることを確認した[96]. この機を逸すると，永久に立法化は不可能になるとの判断があった[97].

　4月25日，体協のスポーツ振興法制定促進期成会をはじめとする120団体は，「スポーツ振興法期成大会」を開催し，関係方面に要望書を配布した[98]. 体協は，その地方組織を通じて，それぞれの地域選出の国会議員への働きかけを展開し，スポーツ振興法制定の盛り上げを図った[99].

　5月9日，スポーツ振興国会議員懇談会は，法案を小委員会に付託し，各会

派の賛同を得て，5月11日に成案を作成した[100]．5月17日，衆議院文教委員会での審議が始まった[101]．起案案件の趣旨説明では，（1）本法がスポーツ振興の基本法であり，国および地方公共団体の施策の基本を明らかにしたものであること，（2）営利のためのスポーツ振興を企図してはならないことが強調された[102]．そして，国や地方公共団体が具体的に取るべき措置，スポーツ振興審議会，体育指導委員の規定，国の補助等が盛り込まれた[103]．

　5月18日，衆議院本会議で，6月16日，参議院本会議でそれぞれスポーツ振興法案が可決され，6月16日，スポーツ振興法は公布された[104]．6月15日，「オリンピック東京大会の準備等のために必要な特別措置法に関する法律」も公布された[105]．

　以上のようにスポーツ振興法は，五輪・パラリンピック東京大会の準備のなかで制定された．このスポーツ振興法のもとで，文部省の行政官僚は，これ以降30年以上にわたって，文教政策の一環としてのスポーツ政策を形成してきた．たとえば，スポーツ政策の方向性を打ち出す保健体育審議会の答申は，審議会の委員ではなく実質的には体育局の行政官僚が決定してきた．

　スポーツ振興法の制定に尽力するとともに，その後も活動を継続している「スポーツ議員連盟」は，戦後間もない1946年5月にスポーツ議員が超党派的に会合したことを起源とし，1947年8月に正式に結成された．当時の名称は「スポーツ振興国会議員懇談会」であり，会長は林譲治議員，理事長は川﨑秀二議員，会員は170余名であった[106]．

⑤ スポーツ省設置に関する議論

　1988年3月，竹下首相の要請により「スポーツ振興に関する懇談会」は，スポーツ省設置に関する報告書のなかで次のように明記した．「中央のスポーツ行政組織については，当面，文部省の担当部局の強化充実を図り，将来は，行政改革の動向も勘案し，スポーツ省の設置を目指すべきである」．これが本研究で分析されるスポーツ庁設置に関する最初の議論であった．

4 スポーツ振興くじ法の制定（1）──議論の開始から大綱の作成まで

戦後日本のスポーツ政策形成は，文部省の行政官僚主導であった．他方，1998年5月のスポーツ振興くじ法の制定は，スポーツ議員連盟等による政治優位・政治主導のスポーツ政策形成へ変化させた[107]．表4-4は，スポーツ振興くじ法の略年表である．

JOCは，1994年の広島アジア大会，1995年の福岡ユニバーシアード大会，1998年の長野五輪冬季大会を控えて，「スポーツ振興くじの収益をスポーツ全体の普及，発展に充てて頂くようスポーツ界の総意として」要請した[108]．同日，自民党文教部会と文教制度調査会は，合同で検討作業を始めることを決定した[109]．

他方，1992年2月6日，東京都地域婦人団体連盟は，次のようなスポーツ振興くじに「絶対反対」の立場を表明した[110]．「スポーツの振興に，ギャンブルによる益金を充てる等本末転倒も甚だしく，特に青少年のギャンブル志向を強める結果になる[111]」．当時すでに，自民党はスポーツ振興くじ法の超党派による議員立法を目指して，野党と非公式に折衝していた．その際，公明党と民主党には強い異論はなかったが，社会党には慎重論が根強かった[113]．

1992年4月，森喜朗や麻生太郎といった文教族の議員が中心になって，自民党政務調査会に「スポーツ振興基金確保の為の制度検討委員会」を設けた[114]．その際，委員会の内部で「文部省がくじを担当するのではイメージが悪い」，「収益の使い道が分からない」等の慎重論が出た．このため，委員会は「スポーツ政策決定とくじの技術的検討が不十分」と認め，国会への法案提出を断念した[115]．

同年6月，自民党文教部会・調査会に「体育スポーツ振興に関するプロジェクトチーム(以下，PT)」が設けられた[116]．しかし，政局は，国連平和維持活動(PKO)協力法案や佐川急便事件等による与野党対立で混迷した．このため，上記PTの会合が再開されたのは，設置から8ヶ月後の1993年2月18日であった[117]．

1993年5月13日，PTは，中間まとめ案をJリーグ開幕に間に合わせる形で作成し，自民党文教部会・調査会に報告した[118]．他方，5月14日の社会党の文化・スポーツ政策調査会の総会では，くじ導入に反対することが確認された[119]．自民党文教部会・調査会は，くじ導入の法案を野党との共同提案で国会に提出する

表 4-4　スポーツ振興くじ法の略年表

年月		事項
1989	11	保健体育審議会（以下，保体審）「二十一世紀に向けたスポーツ振興方策について」答申．生涯スポーツ，競技スポーツの振興のほか，スポーツ振興基金の設置の検討を提言
1990	3	「芸術文化振興基金」を日本芸術文化振興会に創設（政府出資金500億円，民間寄付金約100億円）
	4	（財）日本体育協会（以下，日体協），文部大臣にスポーツ振興基金の早期設置を陳情
	11	文部省の調査研究協力者会議，スポーツ振興基金の全体構想等についての報告を提出，文部省基金設置の方針
	12	「スポーツ振興基金」を日本体育・学校健康センター（以下，センター）に創設（政府出資金250億円，民間寄付金44億円にとどまる．その直後から金利の低下に伴い運用金〈助成金〉が急減，新たな財源を求める声が上がった）
1991	11	社団法人日本プロサッカーリーグ（以下，Jリーグ）発足．プロサッカーの試合を対象とした「スポーツくじ」創設が話題となり始める
1992	1	日体協，（財）日本オリンピック委員会（以下JOC）から，各党及びスポーツ議員連盟（以下，スポーツ議連）等に「スポーツくじ制度創設」の要望書が提出
	4	自民党政務調査会に「スポーツ振興資金確保のための制度検討委員会」を設置
	6	上記委員会の決定を受け，自民党文教部会・文教制度調査会合同で「体育・スポーツ振興に関するPT」を設置
1993	5	上記PTで，スポーツ振興ビジョン「中間まとめ（骨子）」作成，社会党，新生党，公明党，民社党でもそれぞれ検討
		Jリーグ開幕
	6	「制度検討委員会」の下に「システム検討のためのPT」を設置
	10	スポーツ議連に「スポーツ振興策と財源問題を検討するPT」を設置，このPTで「スポーツ振興くじ」を検討
1994	5	スポーツ議連PT「スポーツ振興施策（案）」及びその財源確保策「スポーツ振興くじ制度の大綱（案）」を取りまとめ各党に提出する
		自民党文教合同会議及び政策審議会でスポーツ振興くじ制度の法案化了承，社会党，新生党，公明党，民社党の各担当部会等で了承
		スポーツ議連PTの各党代表者から，衆議院法制局にスポーツ振興くじ制度の法案化を要請
	6	スポーツ議連PTとスポーツ団体，PTA等の懇談会開催
1995	5	スポーツ議連役員会は，法案の成立を待って第132回通常国会に議員立法で提案を合意，一部に異論が残り最終的な提出は見送り
		衆議院法制局，関係3法案（スポーツ振興投票の実施等に関する法案，日本体育・学校健康センター法の一部改正をする法律案，スポーツ振興法の一部を改正する法律案）を作成
	6	スポーツ議連役員会，臨時国会での成立を目指すことを決定

第4章 準備期(スポーツ議員連盟結成から「スポーツ振興に関する懇談会」設置前まで 1947年8月～2006年12月)の事例とその分析　　39

	7	スポーツ議連，法案の早期成立の方向性を確認
		スポーツ議連PT，地方のスポーツ振興への配置を決定
1996	5	スポーツ議連緊急役員会，衆議院文教委員会での委員長提案方式で早期成立を図る．法案修正（地方配慮の明文化，7年後の見直し，センター財務諸表公開を追加）確認．最終的には日程調整つかず国会提出は見送り
	6	スポーツ議連役員会，臨時国会での成立を目指すことを決定
	12	スポーツ議連総会，法案の次期通常国会提出，成立を目指すと方針確認
1997	2	スポーツ議連役員会，くじ推進体制充実のため，従来のPTを拡大し「スポーツ振興政策推進委員会」を設置
	4	第140回国会に関係3法案を一括提出
	5	スポーツ議連，日体協，JOC共催の「法案成立総決起大会」を開催
		衆議院文教委員会付託
		衆議院文教委員会で提案理由説明
		衆議院文教委員会で質疑・採決（起立多数）
		衆議院本会議で可決（起立多数）
	6	参議院文教委員会付託
		参議院文教委員会で提案理由説明
		参議院本会議で継続審議
	10	スポーツ議連，日体協，JOC共催の2回目の「法案成立総決起大会」開催
	12	参議院文教委員会で参考人意見聴取・質疑
		参議院本会議で継続審査
1998	1	参議院文教・科学委員会で提案理由説明（再聴取）
	2	参議院文教委員会で質疑
		参議院文教委員会で参考人意見聴取・質疑
		参議院文教委員会で質疑
	3	参議院文教委員会で修正案提出，趣旨説明，修正案質疑，討論，議決・採決．付帯決議可決
		参議院本会議で関係3法案一括記名投票により可決（賛成138，反対64）
	4	センターに「スポーツ振興投票実施準備室」設置
		衆議院文教委員会付託，参議院修正部分の説明
	5	衆議院文教委員会で参考人意見聴取・質疑
		衆議院文教委員会で質疑，討論，採決・可決．付帯決議可決
		関係3法案公布

出所：田中（2007），pp. 77-78.

ために折衝に乗り出すことを確認した[120]. その後，社会党の文教関係議員の中にも，「文部省が胴元にならないのなら，いいのでは」といった条件付き容認論が出始めた[121].

⑥ 自民党野党転落と議連による「大綱」作成

1993年8月9日，細川護熙内閣（非自民・非共産の7党1会派による連立）が発足し，自民党は野党に転落した. 同年10月18日，スポーツ議員連盟がくじ導入の検討を具体的に開始した[122]. そのPTには「連立政権の与党7党の政策幹事クラス」も参加した[123]. この頃から，自民党文教族が，活動の場を党内からスポーツ議員連盟に移し，多数派の形成を図るようになった[124]. スポーツ振興くじの導入に向けた動きは仕切り直しになった[125].

同年11月24日，スポーツ議員連盟は，各党派の計17人で構成される「スポーツ振興策と財源問題を検討するPT」の初会合を開いた[126]. 12月24日の4回目の会合において，① 手軽に楽しめる環境づくり，② 競技力の向上，③ スポーツを通した国際貢献，の3点を中心に各党で検討を進めることを確認した[127].

1994年1月，スポーツ議員連盟は，くじ導入を検討することで合意し，「実施体制や収益の使途等を検討して法案にまとめ，次期通常国会に提出する方針」を打ち出した[128].

このスポーツ議員連盟の方針に対して，1月18日，東京都地域婦人団体連盟と東京消費者団体連絡センターは，反対の要望書を文相とPTに提出した[129]. 他方，2月24日，社会党はくじ導入の検討を決めた[130]. 野党時代からくじ導入に慎重な姿勢であった同党が推進の立場に転じたことで，連立与党各会派，そして野党自民党が「推進」で足並みを揃えることになった[131].

同年5月10日，PTは，法案の概要について大筋で合意した[132]. 5月13日，東京都地域婦人団体連盟と東京都消費者団体連絡センターは，スポーツ議員連盟の国会議員に対する抗議行動を展開した[133]. 他方，5月18日，PTは，「スポーツ振興政策：スポーツの構造改革——生活に潤い，メダルに挑戦」（以下，振興政策）と「スポーツ振興くじ制度の考え方（検討結果の大綱）」（以下，大綱）をま

とめ，5月中には自民党文教部会・調査会，同政調審議会，さらには社会党，新生党，公明党，民社党の担当部会の了承を得た[134]．

　文部省も，5月31日，日本PTA全国協議会（以下「PTA全国協議会」と略記することがある）と懇談会を開いた[135]．しかし，PTA全国協議会は「それぞれの選挙区の国会議員に抗議行動を起こしていく考え」を表明した[136]．

　6月1日，スポーツ議員連盟は，くじ法案を議員立法として国会に提出する方針を示した．他方，日教組等導入反対の意向を表明する団体が相次いだ[137]．また6月2日，社会党中央執行委員会と代議士会では異論が表明された[138]．6月8日，これを受けてPTの代表者会議で国会提出の見送り方針が決められた[139]．こうして「振興政策」と「大綱」は，宙に浮いた形となった．年末には東京弁護士会が反対意見書を文科相に提出した[140]．

　1994年6月30日，村山富市内閣（自民党・社会党・さきがけ連立）が発足した．

5　スポーツ振興くじ法の制定（2）——法案提出への反対と法案成立

① 各党・各省の反論による棚上げ

　1995年1月17日，阪神・淡路大震災が発生した．さらに3月20日，地下鉄サリン事件が発生した．このため，1995年の最初の四半期は，スポーツ振興くじについて論じられる政治状況にはなかった．

　4月25日，自民党総務会での了承に続き，5月10日，スポーツ議員連盟はスポーツ振興くじ法案の国会での成立を目指すことを確認した[141]．5月11日，スポーツ議員連盟は，法案の要綱を役員会で了承し，国会に提出する方針を固め，衆議院法制局に法案の作成を要請した[142]．しかし，5月12日，参議院自民党の執行部会で異論が続出した[143]．5月16日，社会党税制調査会がくじの払戻金に対する課税を求め，5月17日，さきがけも慎重な姿勢を示した[144]．5月17日，社会党の政務委員会でも慎重論が相次ぎ，さらに，東京都地域婦人団体連盟と東京消費者団体連絡センターが，反対の要望書をスポーツ議員連盟に提出した[145]．

　5月中旬の法案作成時期になると，総理府による「青少年の購入制限に係る規定（第9条）は，他の公営競技に係る規定との均衡を確保すること」との反

論や，総務庁，警察庁，法務省，外務省，厚生省，農水省，通産省，運輸省，建設省，自治省等による異論・慎重論が噴出した[146]．

　5月18日，自民党文教部会・調査会において，予想外の慎重論が出たため，法案了承を見送り，議論を翌週に持ち越すこととなった[147]．自民党地方行政部会も，くじの「収益の地方への配分が少なすぎる」と反発した[148]．このように論議が迷走状態に入った理由として，「参院選を控えてスポーツ振興くじに反対する支持母体に配慮する議員心理」や「PTA団体や女性団体が反対しているこの問題に，手を付けるのは得策ではないとの判断」があったと推察された[149]．さらに5月22日，PTA全国協議会が反対の決議書を文相に提出し，新進党も具体的な議論に入っていなかった[150]．結局，6月1日，自社さ連立与党は，文部調整会議において「各党の調整がそろわない」として法案の国会提出断念を決定し，6月30日，国会対策委員長会議でもこれを確認した[151]．

　以後，事実上棚上げされた状態が続いた[152]．しかし，10月になってスポーツ議員連盟が「法案の早期提出・成立を図る」との方向性を確認し，11月29日，自民党文教部会・調査会が法案了承の再確認を行った[153]．しかし，またしても社会党とさきがけの両党が「今国会中の提出は早計」として反対した．これにより，法案の国会提出は見送られることになった[154]．以後，再び議論は停滞状態に入った[155]．

② ワールドカップと法案提出の再棚上げ

　1996年1月11日，第1次橋本龍太郎内閣（自社さ連立）が発足した．1996年度予算案の成立の目途が立つと，2002年サッカーワールドカップ日本招致と関連して，スポーツ振興くじ導入の動きが復活した[156]．5月7日，東京都地域婦人団体連盟は，法案の国会提出に反対する要望書を文相や自民党，社民党，さきがけ，新進党，共産党の各党に提出した[157]．他方，5月9日，自民党政調審議会は，法案の国会提出を了承した[158]．5月14日，新進党もこれを了承した[159]．しかし，自民党総務会は結論を持ち越し，さきがけも結論を先送りした[160]．参議院自民党は，執行部会で慎重な取り扱いを求めることを決め，社民党政務委員会は，党とし

ての態度決定を保留した[161]．5月17日に新進党総務会は，続出した反対論のため態度決定を保留した[162]．

　こうして法案は「足踏み状態を続け」，「法案提出の動きが具現化すればするほど，反対派の声も大きくなる」という悪循環に陥った[163]．当時自民党内からは「他党との政策調整は嫌になった」という政調幹部の声も漏れ始めた[164]．「与党三党の政策調整システムが，機能保全に陥っている」という見方もなされた[165]．スポーツ振興くじ法案は，介護保険法案，民法改正案，独禁法改正案，市民活動促進法案（NPO法案），国会等移転法改正案，新民事訴訟法案とならんで「難産法案リスト」の1つにあげられた[166]．

③法案提出の再再棚上げ

　PTA全国協議会は，法案反対の見解を表明し続けた（1996年5月28日）[167]．他方，6月4日，自民党総務会は「賛否が相半ばしている」として審議を打ち切り，取り扱いを党役員会に一任することを決めた[168]．

　6月12日，与党三党は，幹事長，代表幹事，政策責任者らが法案の扱いを協議した[169]．その際，「当選金の非課税扱い」と「党議拘束なし」の2条件が満たされれば，法案を国会に提出することを確認した[170]．しかし，前者の条件についてはさきがけが，後者の条件については自民党が譲歩できないとしたため，結論は持ち越された[171]．結局，6月14日，与党三党の税制改革PTでは，さきがけが当選金の非課税扱いに関して反対し，結論が得られなかった．スポーツ議員連盟は，事実上，法案の国会提出を断念した．法案提出はまた棚上げになった[172]．

④2度の継続審議を経て法案成立

　その後6ヶ月が経過した．1996年12月13日，スポーツ議員連盟は，法案の次期通常国会への提出・成立を目指す方針を確認した[173]．そして，1997年1月17日，PTの拡大が了承された[174]．4月，自民党文教部会・調査会，太陽党全員協議会，新進党において，国会提出が了承された[175]．さらに，4月22日から25日にかけて，自民党税制調査会，自民党政調審議会，社民党教育文化科学部会，さきがけ臨

時総務会，民主党政策調査会，そして与党政策調整会議において，法案の国会提出が了承された[176]．こうして共産党を除く各党・会派の正式手続きは完了し，法案が第140回国会に提出された[177]．5月23日の衆議院文教委員会での可決，5月27日の衆議院本会議での可決，6月17日の参議院文教委員会への法案付託，6月18日の参議院文教委員会での提案理由説明と参議院本会議での継続審議決定，12月11日の臨時国会の参議院文教委員会での参考人質疑，参議院本会議での継続審議決定を経て，1998年の通常国会に引き継がれることになった[178]．1997年11月16日，日本の1998年6月開催 FIFA ワールドカップ大会初出場が決定した．出場決定は，スポーツ振興くじの動きを加速させた[179]．

「スポーツ振興投票の実施等に関する法律案」は，2回の継続審議，審議過程での法案修正を経て，最終的に1998年5月12日，第142回通常国会において成立した（表4-4）．

国会においては，次のような点を中心にして議論が展開された．① くじを導入する財政的な緊急性，② スポーツ予算の現状，③ スポーツ振興の基本計画の策定，④ くじ実施後の国のスポーツ予算，⑤ ギャンブル性，⑥ 青少年への配慮，⑦ 19歳未満の購入禁止，⑧ コンビニエンスストアでの販売，⑨ 助成金の配分方法，⑩ 国庫納付金，⑪ 文部省がくじを所管すること，⑫ 文部省の特殊法人が実施主体である理由，⑬ 実施主体の運営の透明性・情報公開，⑭ 金融機関への委託，⑮ 地域スポーツクラブの定着である[180]．

スポーツ振興くじ法案は，日本のスポーツを活性化するための重要な財源確保の法案であった[181]．同時に，スポーツ振興くじ法の制定は，日本のスポーツ政策形成を文部省の行政官僚主導から超党派のスポーツ議員連盟等による政治優位・政治主導のスポーツ政策形成へ変化させた[182]．後述するように，この政策形成の変化の結果，文部省は，スポーツ振興法制定以来，37年間一度も策定してこなかったスポーツ振興基本計画を初めて策定することになった[183]．

6 スポーツ振興基本計画策定・改訂

① スポーツ振興基本計画の策定

　1949年6月の文部省の体育局の廃止とともに，従来の体育局所管事項は他部局へ分散された．7月，文部省はそれらを統合する目的で，それ以前の体育振興委員会を文部大臣の諮問機関としての保健体育審議会として再編した．保健体育審議会は，学校保健分科審議会，学校体育分科審議会，学校給食分科審議会，社会体育分科審議会の4つからなっていた[184]．保健体育審議会は，その時々の社会状況を考慮しつつ，さまざまな答申を公表してきた．これら答申の原案は，いずれも文部省体育局の行政官僚によって作成され，審議会において審議・追認されてきた．

　1998年5月19日，橋本内閣の町村信孝文相は，スポーツ振興くじ法案が審議されていた第142回参議院文教・科学委員会において次のように述べている．

　　スポーツ振興投票法の成立後，今後どういう作業でもろもろの準備を進めていくかということを鋭意検討しているわけでございます．その中で，重要な柱として，スポーツ振興基本計画を策定することを実は内々今検討を始めたところです．

　「スポーツ振興計画の策定」が，スポーツ振興くじ法案の国会成立時の付帯決議に盛り込まれた．このため，1999年9月，有馬朗人文相は「スポーツ振興基本計画の在り方について」を上述の保健体育審議会に諮問した．

　2000年9月，保健体育審議会は，スポーツ振興基本計画を策定した．基本計画においては，今後のスポーツ行政の主要な方策として次の3つを掲げ，その具体化を図ることとした．3つは，① 生涯スポーツ社会の実現に向けた，地域におけるスポーツ環境の整備充実方策，② 日本の国際競技力の総合的な向上方策，③ 生涯スポーツ及び競技スポーツと学校教育・スポーツとの連携を推進するための方策である．また，地方公共団体においては，本計画を考慮しながら地方の実情に即したスポーツ振興のための各種施策を総合的かつ積極的に推進していくこととした．

さらに，これらの方策の実施に当たっては，国や地方公共団体における連携はもとより，スポーツ団体相互の連携の促進に努めるとともに，公的主体と民間主体との間の役割分担にも配慮しつつ，スポーツ団体や国民各層に対して積極的に各種施策を周知する等効果的な推進に努めていくこととした．

本計画は，2001年度から概ね10年間で実現すべき政策目標を設定しており，適宜その進捗状況の把握に努めるとともに，5年後に計画全体の見直しを図ることとした[185]．

以上のように，スポーツ振興基本計画が策定された背景として，スポーツ振興くじ法制定を契機に，文部省の行政官僚主導の政策形成ではなく，超党派のスポーツ議員連盟等による政治優位・政治主導の政策形成が新たに展開されるようになったことがあげられる．具体的には，スポーツ振興くじ法案の成立時の付帯決議が「スポーツ振興計画の策定」を求めていたからである[186]．

② スポーツ振興基本計画改訂

2006年9月，文部科学省は，スポーツ振興基本計画を5年間の進捗状況にもとづいて改訂し，再度発表した．改訂後のスポーツ振興基本計画の政策課題は，次の3つの柱からなっていた．

政策課題の1つ目の柱は，外遊びやスポーツ等を通じた「子どもの体力の向上」である．「子どもの体力の向上」のための方策としては，子どもの体力の低下傾向に歯止めをかけ，上昇傾向に転ずることを目指し，保護者をはじめとした国民全体が子どもの体力の重要性について正しい認識を持つよう国民運動を展開する等，家庭，学校，地域の連携した取組みを盛り込んでいる．

政策課題の2つ目の柱は，「生涯スポーツ社会の実現」のための方策である．成人の週1回以上のスポーツ実施率が2人に1人（50パーセント）となることを目指し，全国の各市区町村において，少なくとも1つは総合型地域スポーツクラブを育成することや，女性や障害者がスポーツに参加しやすい環境づくりを行うこと，質の高いスポーツ指導者を養成・確保・活用すること等を盛り込んでいる．

政策課題の３つ目の柱は,「国際競技力の向上」のための方策である. オリンピックでのメダル獲得率が3.5パーセント以上となることを目指し, ナショナルトレーニングセンター中核拠点施設を整備するとともに, 中核拠点施設で対応できない競技については, 既存施設を競技別強化拠点として指定して支援する. また, 地域や企業によるスポーツ支援の在り方の検討や, トップレベル競技者のセカンドキャリア支援の充実, アンチ・ドーピング活動の推進を盛り込んでいる[187].

7 2016五輪・パラリンピック立候補

JOC 等は, 2004年頃から2016年五輪・パラリンピック招致の検討を開始した.

2005年９月20日, 石原慎太郎東京都知事が, ９月22日, 山崎光太郎福岡市長が, それぞれ2016年五輪・パラリンピックの立候補を正式に表明した. 日本の五輪・パラリンピックに関しては, 実現すれば, 1964年の東京五輪・パラリンピック以来52年ぶり, 1998年の長野冬季五輪・パラリンピック以来18年ぶりであり, アジアでは初の夏季五輪・パラリンピック２回目の開催になるはずであった[188].

10月１日, 東京都は東京五輪準備担当を発足させ, 2006年３月８日, 東京都議会は五輪開催招致を決議した. ４月１日, 東京都は招致本部を設置し, ４月28日, JOC に「立候補意思表明書」を提出した[189].

他方, 福岡市は, 2005年10月13日, 招致検討委員会を, 2006年３月４日, 招致推進委員会をそれぞれ設置した. ４月24日, 福岡市は JOC に「立候補意思表明書」を提出した. 福岡市案は１市に競技開催地を集中させることなく, ３分の１程度を福岡都市圏以外の九州全体に分散させる「九州五輪」を目指したものであった[190].

2006年８月30日, 2016年夏季五輪の国内候補都市を決める JOC の選定委員会が開催された. 投票の結果, 東京都が33票, 福岡市が22票となり, 最終的に東京都に決まった[191]. 表４-５は, 東京都と福岡市による立候補活動の概要を示

表4−5　2016年五輪・パラリンピック立候補（2004年〜2006年）

年月日		五輪・パラリンピック関係
2004		スポーツ界が2016年五輪・パラリンピック招致の検討開始
2005	9月20日	東京都が2016年五輪・パラリンピック立候補正式表明
	9月22日	福岡市が2016年五輪・パラリンピック立候補正式表明
2006	4月24日	東京都がJOCに「立候補意思表明書」を提出
	4月28日	福岡市がJOCに「立候補意思表明書」を提出
	8月30日	2016年五輪・パラリンピックの日本開催招致都市に東京が福岡を破り決定
	9月26日	第1次安倍晋三内閣発足
	11月19日	2016年東京五輪・パラリンピック招致委員会設立

出所：笹川スポーツ財団Web（http://www.ssf.or.jp）より作成.

している.

　なお，2016年五輪・パラリンピック招致が検討されていた2006年2月，イタリアのトリノで冬期五輪・パラリンピックが開催された．日本五輪チームは，フィギュアスケートの女子シングルで荒川静香選手が金メダルをとっただけであった．カーリング，スキー・ジャンプ，ショートトラックもメダルをとることができなかった[192].

8　準備期の分析

　準備期は，スポーツ議員連盟結成から「スポーツ振興に関する懇談会」設置前まで（1947年8月〜2006年12月）の約60年間である．以下準備期の分析を行う．分析結果は表4−6に要約される．

〔1〕参加者

　準備期において，政府（内閣・省庁）の主要な参加者は，参加者①〈文部科学省（元文部省）〉のみであった．

　参加者①〈文部科学省（元文部省）〉は，1871年に設置され，学校の児童生徒に対する教育の一環としての「体育」に重点を置いてきた．1941年，文部省に

第4章 準備期（スポーツ議員連盟結成から「スポーツ振興に関する懇談会」設置前まで 1947年8月～2006年12月）の事例とその分析　49

表4-6　準備期の分析結果

（超党派スポーツ議員連盟結成から「スポーツ振興に関する懇談会」設置前まで1947年8月～2006年12月）

参加者	政府（内閣・省庁）	① 文部科学省（元文部省）
	議員・国会	② スポーツ議員連盟，③ 自民党文教族
	市民団体	④ 日本体育協会，⑤ JOC，⑥ PTA全国協議会
政策アクティビスト		
政策形成の場		① スポーツ議員連盟の会合，② 国会，③ 保健体育審議会
問題の流れ	期首のアジェンダ	
	問題	① 2016年東京五輪・パラリンピック招致，② トップアスリートの公的支援
	問題の窓	① 都議会による2016年東京五輪・パラリンピック招致決議，② トリノ冬季五輪日本チームの惨敗
政策の流れ	期首の政策状況	
	政策案	① スポーツ振興法制定，② 竹下首相の要請による「スポーツ振興に関する懇談会」報告書，③ スポーツ法学会によるスポーツ基本法要綱案，④ スポーツ振興基本計画策定，⑤ スポーツ振興基本計画改訂
政治の流れ	政治の窓	① スポーツ振興くじ法案の成立
	政治	① スポーツ議員連盟結成，② スポーツ政策形成の文部科学省の行政官僚主導からスポーツ議員連盟等の政治優位・政治主導への変化
	期首の政治状況	
期末のアジェンダ・政策状況・政治状況の結び付き〈政策の決定・正当化〉		アジェンダ【問題①～②】・政策状況【政策案①～⑤】・政治状況【政治①～②】は，相互にまったく結び付いておらず，パッケージは構成されず，政策は決定・正当化されない

体育局が設置された．戦後の1945年9月，学徒動員局に併合されていた体育局が復活した．1949年6月，体育局は廃止されたが，1958年5月に再び復活した．体育局は，文教政策の一環としてのスポーツ政策を一貫して形成してきた．たとえば，スポーツ政策の方向性を打ち出す保健体育審議会の答申は，審議会の委員ではなく実質的には体育局が決定してきた．他方，政策の実行に関しては，

体育局は，全国のスポーツ団体と教育委員会のスポーツ担当課等を傘下に置き，国庫補助制度を介した権限・財源を通じて監督してきた．

準備期において，議員・国会の主要な参加者は2つであった．すなわち，参加者②〈スポーツ議員連盟〉と参加者③〈自民党文教族〉である．以下2つの参加者について説明する．

参加者②〈スポーツ議員連盟〉は，1947年8月，超党派の議員によって結成された．スポーツ議員連盟は，1961年6月のスポーツ振興法の制定，および1998年5月のスポーツ振興くじ法の制定にそれぞれ尽力した．

参加者③〈自民党文教族〉の中心議員は，森喜朗議員や麻生太郎議員等である．彼らは，文科相や文科省の副大臣・政務官を務めるとともに，自民党の文部科学部会等に長く所属し，文科行政に影響を及ぼす議員たちである．スポーツ振興くじ法の制定に際して，自民党文教族は活発な活動を展開した．

準備期において，市民団体の主要な参加者は3つであった．すなわち，参加者④〈日本体育協会〉，参加者⑤〈JOC〉，参加者⑥〈PTA全国協議会〉である．以下3つの参加者について説明する．

参加者④〈日本体育協会〉は，日本の中央競技団体と各都道府県の体育協会を統括している．体協は，スポーツ振興法の制定とスポーツ振興くじ法の制定に際して，活発な圧力活動を展開した．

参加者⑤〈JOC〉は，国際オリンピック委員会（IOC）に承認された日本の国内オリンピック委員会であり，五輪やアジア大会等へ選手派遣事業を行っている．JOCは，体協とともに，スポーツ振興くじ法の制定に際して，活発な圧力活動を展開した．

参加者⑥〈PTA全国協議会〉は，スポーツ振興くじ法の制定に際して，活発な反対運動を展開した．

〔2〕政策アクティビスト

準備期において，政策アクティビストは特に存在しなかった．

〔３〕政策形成の場

　準備期において，主要な政策形成の場は次の３つであった．すなわち，政策形成の場①〈スポーツ議員連盟の会合〉，政策形成の場②〈国会〉，政策形成の場③〈保健体育審議会〉である．以下３つの政策形成の場について説明する．

　政策形成の場①〈スポーツ議員連盟の会合〉は，スポーツ振興法とスポーツ振興くじ法の制定に際して，問題が認識・定義され，政策案が生成・特定化され，政治が生成・展開された場である．

　政策形成の場②〈国会〉は，スポーツ振興法とスポーツ振興くじ法の制定に際して，政策が決定・正当化された場である．

　政策形成の場③〈保健体育審議会〉は，1947年７月に文部大臣の諮問機関として設置された．保健体育審議会は，設置後今日に至るまで，その時々の社会状況を考慮しつつ，体育・スポーツの振興のための具体的な行政施策や行政機構の整備に関するさまざまな答申・要望・建議を発表してきた．

〔４〕問題の流れ

　準備期において，まず，問題の窓①〈都議会による2016東京五輪・パラリンピック招致決議〉が開いた．この問題の窓①が開いたことを契機に，問題①〈2016年東京五輪・パラリンピック招致〉が認識・定義され，問題の流れの中に湧き出た．この問題①は，開いた問題の窓①を通って，政策の流れに入り浮遊していた．以下問題①について説明する．

　2005年９月，東京都は，2016年東京五輪・パラリンピックの招致を決定し，IOCに立候補を申請した．石原慎太郎都知事が提唱し，招致活動が進められた．実現すれば，日本の夏季五輪・パラリンピックでは1964年の東京五輪・パラリンピック以来52年ぶり，21世紀になってからは日本での初開催となるはずであった．しかし，2009年にコペンハーゲンでのIOC総会で落選し，招致に失敗した．

　次に，問題の窓②〈トリノ冬季五輪日本チームの惨敗〉が開いた．この問題の窓②が開いたことを契機に，問題②〈トップアスリートの公的支援〉が認識・

定義され，問題の流れの中に湧き出た．この問題②は，開いた問題の窓②を通って，政策の流れに入り浮遊していた．この問題②に関して，政策アクティビストの遠藤利明議員は次のように述べている．

　　その頃，ワタシはスポーツ界の状況に危機感をもっていた．日本のスポーツは企業や指導者，選手個人の頑張りに支えられてきたが，経済状況が悪くなり，企業がスポーツの分野からどんどん手を引いている．いろんな人から，「国がもっとスポーツ界を支援してくれないか」との言葉をもらっていた．国が前面に出てスポーツ界を支援しないと，どうなってしまうんだろうって．国がなんとかしなければと思っていた．その年のトリノ冬季五輪では，国民から随分期待されていたのに，フィギュアスケートの女子シングルで荒川静香選手が金メダルをとっただけに終わってしまった．カーリングも，スキー・ジャンプも，ショートトラックも，次から次と負けてしまった．荒川選手の金メダルでメダルゼロの惨敗は免れたけれど，もったいないというか，残念というか．なんでだろう，と考えた．やっぱり「スポーツのチカラ」を生かすためには，スポーツ政策をしっかり考えないといけないのではないか．強化の仕方や，スポーツに対する戦略性が必要なのではないか．もう国がなんとかしなければ．せっかくこれだけの多様な力を持ったスポーツ界がどんどん停滞していくことになる．民間企業やボランティア指導者だけに任せていていいのだろうか[193]．

　スポーツ庁設置に関しては，1987年8月，発表された中曽根康弘首相の諮問機関であった臨時教育審議会の答申で初めて「スポーツ省庁」という言葉が出現した[194]．上述のように，その翌年の1988年3月，スポーツ振興に関する懇談会は，「スポーツ省の設置を目指すべき」旨を明記した．

　しかし，1987年の「スポーツ省庁」への言及と1988年の報告書での「スポーツ省の設置を目指すべき」旨の明記以降，スポーツ庁設置に関して議論されることはなかった．議論が再開されたのは，2006年12月，遠藤議員が「スポーツ振興に関する懇談会」を設置してからである．

第4章　準備期(スポーツ議員連盟結成から「スポーツ振興に関する懇談会」設置前まで　1947年8月〜2006年12月)の事例とその分析　53

　準備期中に，上述の問題①〈2016東京五輪・パラリンピック招致〉と問題②〈トップアスリートの公的支援〉が新たに認識・定義された．これにより，準備期末のアジェンダ（スポーツ庁設置）は，アジェンダ【問題①〜②】となった．

〔5〕政策の流れ

　準備期において，政策の流れの岸にいる参加者は，政策案①から政策案④の生成・特定化を行い，政策の流れに投げ込んだ．その結果，これら5つの政策案が政策の流れに浮遊していた．すなわち，政策案①〈スポーツ振興法制定〉，政策案②〈竹下首相の要請による「スポーツ振興に関する懇談会」報告書〉，政策案③〈スポーツ法学会によるスポーツ基本法要綱案〉，政策案④〈スポーツ振興基本計画策定〉，政策案⑤〈スポーツ振興基本計画改訂〉である．以下5つの政策案について説明する．

　政策案①〈スポーツ振興法制定〉は，1964年の東京五輪・パラリンピックの開催に先立1961年6月，議員立法で実現した．最初の「日本のスポーツ振興の基本法」であるスポーツ振興法は，国および地方公共団体の施策の基本と任務を明示するものであった．

　政策案②〈竹下首相の要請による「スポーツ振興に関する懇談会」報告書〉は，1988年3月，発表された．「将来は，行政改革の動向も勘案し，スポーツ省の設置を目指すべきである」とされ，スポーツ庁設置に関する最初の議論であった．

　政策案③〈スポーツ法学会によるスポーツ基本法要綱案〉は，1997年12月，日本スポーツ法学会の総会で発表された．要綱案は，現代における新しいスポーツに関する権利とその実現のために必要とするスポーツ法のあり方を確認したものである[195]．

　政策案④〈スポーツ振興基本計画策定〉は，2000年9月，保健体育審議会によって行われた．スポーツ振興法制定から39年が経過して，ようやくスポーツ振興基本計画が策定されたのである．この基本計画では，1）スポーツ環境の整備充実，2）国際競技力の総合的な向上，3）生涯スポーツ，競技スポーツ，

学校体育・スポーツとの連携の3つに関する政策目標が設定された．

　政策案⑤〈スポーツ振興基本計画改訂〉は，2006年9月，行われた．改定の具体的な内容は次の3つであった．（1）子どもの体力低下傾向に歯止めをかけ上昇傾向に転ずる．（2）成人の週1回以上のスポーツ実施率を50％にする．（3）五輪のメダル獲得率を夏季・冬季合わせて3.5％とする．文部科学省は，この改定されたスポーツ振興基本計画の達成に向けて施策を実行した．これにより，準備期末の政策状況は，政策状況【政策案①～⑤】となった．

〔6〕政治の流れ

　準備期の初めに，政治の流れの岸にいる参加者は，政治①〈スポーツ議員連盟結成〉の生成・展開を行い，政治の流れに投げ込んだ．その結果，政治①は政治の流れに浮遊していた．以下政治①について説明する．

　1946年5月，スポーツ議員連盟が次の3つの目的で結成された．すなわち，（1）民間スポーツ熱を昂揚し，これを助長する目的をもつ行政官庁を置くべきである．（2）大日本体育会の解散は当然としても，民主的にスポーツを奨励する民間組織が必要であり，このためには，日本体育会を復活して，これの民主的再現を計るべきである．（3）以上を達成するため，各界各層のスポーツ愛好の有志を組織して，スポーツ振興会議を起こすべきである．スポーツ議員連盟の活動はその後しばらく停滞していた．しかし，1949年5月，スポーツ議員連盟が中心となり「スポーツ振興に関する決議」を国会で行った．[196]

　準備期の終盤に，政治の窓①〈スポーツ振興くじ法案の成立〉が開いた．この政治の窓①が開いたことを契機に，政治②〈スポーツ政策形成の文部科学省の行政官僚主導からスポーツ議員連盟等の政治優位・政治主導への変化〉が生成・展開され，政治の流れの中に湧き出た．この政治②は，開いた政治の窓①を通って，政策の流れに入り浮遊していた．

　中村は，政治②について次のように述べている．

　　　　スポーツ行政に関係する省の多元化と，行政主導型のスポーツ政策立

案という二大潮流のなかにあって，近年，政治サイドから注目すべきアプローチがなされてきた．議員立法によるスポーツ振興くじ法案提出をめぐる動きがそれである．同法案は1998年5月12日，スポーツ議員連盟によって衆議院本会議に上程され，賛成多数で可決された[197]．

　準備期中に，政治①〈スポーツ議員連盟結成〉と政治②〈スポーツ政策形成の文部科学省の行政官僚主導からスポーツ議員連盟等の政治優位・政治主導への変化〉が新たに生成・展開された．これにより，準備期末の政治状況は，政治状況【政治①～②】となった．

〔7〕　3つの結び付き

　準備期末のアジェンダ，政策状況，政治状況および，それらの結び付きについて説明する．

　第1のアジェンダは，問題①〈2016東京五輪・パラリンピック招致〉と問題②〈トップアスリートの公的支援〉の2つのみからなっていた．これらの問題は，いずれも一部のスポーツ関係者のみによって認識・定義されたものにすぎなかった．また，スポーツ庁設置に関する問題は，このアジェンダには含まれていなかった．このため，準備期末のアジェンダを構成する問題は，十分な内容を備えておらず，相互に関連していなかった．

　第2の政策状況は，政策案①から政策案⑤の5つからなっていた．このうち，政策案②〈竹下首相の要請による「スポーツ振興に関する懇談会」報告書〉は，スポーツ庁設置の最初の議論でしかなかった．他方，政策案①〈スポーツ振興法制定〉，政策案③〈スポーツ法学会によるスポーツ基本法要綱案〉，政策案④〈スポーツ振興基本計画策定〉，政策案⑤〈スポーツ振興基本計画改訂政策案〉の4つは，形成期に決定・正当化された政策（スポーツ基本法制定）に関する政策案にすぎなかった．このため，準備期末の政策状況を構成する5つの政策案は，ある程度は相互に関連していたものの，十分な内容を備えてはいなかった．

　第3の政治状況は，政治①〈スポーツ議員連盟結成〉と政治②〈スポーツ政

策形成の文部科学省の行政官僚主導からスポーツ議員連盟等の政治優位・政治主導への変化〉の２つのみからなっていた．このため，準備期末の政治状況を構成する政治は，十分な内容を備えていなかった．

　以上のように，準備期末に政策の流れに浮遊していたアジェンダ【問題①〜②】，政策状況【政策案①〜⑤】，政治状況【政治①〜②】は，いずれもスポーツ庁設置を実現するには不十分な内容であった．このため，準備期末のアジェンダ・政策状況・政治状況は相互にまったく結び付いておらず，パッケージは構成されず，政策（スポーツ庁設置）は決定・正当化されなかった．

注
1 ）文部科学省（2014）．p. 38.
2 ）*ibid.*
3 ）*ibid.*
4 ）*ibid.*
5 ）*ibid.*
6 ）*ibid.*
7 ）*ibid.*
8 ）*ibid.*
9 ）*ibid.*
10）*ibid.*
11）*ibid.*
12）*ibid.*
13）*ibid.*
14）*ibid.*
15）*ibid.*, p. 40.
16）*ibid.*
17）*ibid.*
18）*ibid.*
19）*ibid.*
20）*ibid.*
21）*ibid.*
22）内海（1993）．p. 116.

23） *ibid.*

24） *ibid.*

25） *ibid.*

26） *ibid.*

27） *ibid.*

28） *ibid.*

29） *ibid.*

30） *ibid.*

31） *ibid.*, p. 117.

32） *ibid.*

33） *ibid.*

34） *ibid.*

35） *ibid.*, p. 118.

36） *ibid.*

37） *ibid.*

38） *ibid.*

39） *ibid.*

40） *ibid.*

41） *ibid.*

42） *ibid.*

43） *ibid.*

44） *ibid.*, p. 119.

45） *ibid.*

46） *ibid.*

47） *ibid.*

48） *ibid.*

49） *ibid.*, p. 120.

50） *ibid.*

51） *ibid.*

52） *ibid.*

53） *ibid.*

54） *ibid.*

55） *ibid.*

56） *ibid.*

58

57) *ibid.*

58) *ibid.*

59) *ibid.*

60) *ibid.*, p. 123.

61) *ibid.*

62) *ibid.*

63) *ibid.*

64) *ibid.*

65) *ibid.*

66) *ibid.*

67) *ibid.*

68) *ibid.*

69) *ibid.*

70) *ibid.*

71) *ibid.*, p. 124.

72) *ibid.*

73) *ibid.*

74) *ibid.*

75) *ibid.*

76) *ibid.*

77) *ibid.*

78) *ibid.*

79) *ibid.*

80) *ibid.*

81) *ibid.*, pp. 124–125.

82) *ibid.*, p. 125.

83) *ibid.*

84) *ibid.*

85) *ibid.*, p. 126.

86) *ibid.*

87) *ibid.*

88) *ibid.*

89) *ibid.*

90) *ibid.*

第4章　準備期（スポーツ議員連盟結成から「スポーツ振興に関する懇談会」設置前まで　1947年8月～2006年12月）の事例とその分析　　59

91）*ibid.*, p. 127.

92）*ibid.*

93）*ibid.*

94）*ibid.*

95）*ibid.*

96）*ibid.*, pp. 127–128.

97）*ibid.*, p. 128.

98）*ibid.*

99）*ibid.*

100）*ibid.*

101）*ibid.*

102）*ibid.*

103）*ibid.*

104）*ibid.*, p. 129.

105）*ibid.*

106）*ibid.*, pp. 57–59.

107）スポーツ振興くじ法の正式名称は，「スポーツ振興投票の実施等に関する法律」である．

108）中村（2006），p. 221.

109）*ibid.*

110）*ibid.*, pp. 221–222.

111）*ibid.*

112）*ibid.*, p. 222.

113）*ibid.*

114）*ibid.*

115）*ibid.*

116）*ibid.*

117）*ibid.*

118）*ibid.*

119）*ibid.*

120）*ibid.*

121）*ibid.*

122）*ibid.*

123）*ibid.*, p. 223.

124）*ibid.*

125) *ibid.*

126) *ibid.*

127) *ibid.*

128) *ibid.*

129) *ibid.*

130) *ibid.*

131) *ibid.*

132) *ibid.*

133) *ibid.*

134) *ibid.*

135) *ibid.*

136) *ibid.*

137) *ibid.*, p. 224.

138) *ibid.*

139) *ibid.*

140) *ibid.*

141) *ibid.*

142) *ibid.*

143) *ibid.*

144) *ibid.*

145) *ibid.*

146) *ibid.*, pp. 224–225.

147) *ibid.*, p. 225.

148) *ibid.*

149) *ibid.*

150) *ibid.*

151) *ibid.*

152) *ibid.*

153) *ibid.*

154) *ibid.*

155) *ibid.*

156) *ibid.*

157) *ibid.*, pp. 225–226.

158) *ibid.*, p. 226.

第 4 章　準備期(スポーツ議員連盟結成から「スポーツ振興に関する懇談会」設置前まで　1947年 8 月〜2006年12月)の事例とその分析　　61

159）*ibid.*

160）*ibid.*

161）*ibid.*

162）*ibid.*

163）*ibid.*

164）*ibid.*

165）*ibid.*

166）*ibid.*

167）*ibid.*

168）*ibid.*

169）*ibid.*

170）*ibid.*

171）*ibid.*

172）*ibid.*

173）*ibid.*

174）*ibid.*

175）*ibid.*, pp. 226-227.

176）*ibid.*, p. 227.

177）*ibid.*

178）*ibid.*

179）遠藤利明は，この時のことを次のように述べている．「国会議員としてのスポーツとの最初の関わりは，サッカーくじ（スポーツ振興くじ：toto）の時かな．成立過程の1997〜1998年の時，自民党の国会対策委員会の副委員長をやっていた．（中略）その頃，たまたま逢沢一郎先生が，「遠藤，こんど日本がサッカーのワールドカップに出ることになったから，サッカーくじ，なんとかならないか．オマエが担当だ」と言ってきた．前々から，森喜朗先生や麻生太郎先生がずっと進めてくれたんだけれど，いろんな問題があって，実現していなかった．そこで，やれといわれて，やることになった．最大の課題は，自治省（現，総務省）が「宝くじ」のジャマになるから反対だったこと．それに PTA が子どもたちの射幸心をあおると反対していたんだ」．遠藤（2004），pp. 47-48.

180）田中（2007），p. 78.

181）*ibid.*, p. 79.

182）*ibid.*

183）*ibid.*

184）内海（1993），p. 86.

62

185）宮本・勝田（2013），pp. 148-149.

186）スポーツ振興基本計画の策定に関しては，「法的に定められた計画策定を40年近くもサボタージュしてきた文部省が，サッカーくじ大事さに，駆け込み告知したというのが実情だ」という指摘もある．大野（2000），p. 178.

187）文部科学省「スポーツ振興基本計画改訂版」.

188）笹川スポーツ財団 Web（http://www.ssf.or.jp）.

189）*ibid.*

190）*ibid.*

191）*ibid.*

192）遠藤（2014），p. 54.

193）*ibid.,* pp. 53-54.

194）鈴木（2016），p. 90.

195）スポーツ法学会編（2011），p. 11.

196）内海（1993），pp. 57-59.

197）中村（1999），p. 48.

第5章

形成期（「スポーツ振興に関する懇談会」設置後から「スポーツ基本法案」成立まで　2006年12月～2011年6月）の事例とその分析

1　遠藤リポートの作成

　形成期は，「スポーツ振興に関する懇談会」設置後から「スポーツ基本法案」成立までの期間である．遠藤議員は，「スポーツ振興に関する懇談会」設置に関して次のように述べている．

　　2006年9月，安倍晋三内閣総理大臣が誕生，第一次安倍内閣が発足した．ワタシは文部科学副大臣になった．スポーツ議員連盟のメンバーであったこともあり，文部科学副大臣になった際も，スポーツ担当になった．（中略）スポーツというものはどうすれば振興できるのか，強化できるのか，そのための考えをきちんと整理したいなと思った．まずは自分の頭を整理するため，正式な文部科学省の懇談会ではなく，副大臣の私的な懇談会を立ち上げることにしたんだ．（中略）役所は最初，全然乗り気じゃなかった．1980年モスクワ五輪ボイコットのトラウマがあったせいか，国は若干のカネは出すけど，積極的にスポーツ振興をどうこうするという発想はあまり持っていなかったようだ．それもあって，私的な懇談会になったんだけれど．2006年12月，ワタシの私的諮問機関として「スポーツ振興に関する懇談会」を設置した（表5-1）．懇談会では，その年の12月から翌2007年7月まで合わせて11回の審議が重ねた．シドニーオリンピックパークや国内の競技センターなどの現地調査や，専門家を招いてプレゼンテーションをしてもらった（表5-2）．（中略）苦労の結果，2007年8月，「「スポーツ立国」ニッポン──国家戦略としてのトップスポーツ」と題する報告書を作成した．巷で「遠藤リポート」と呼ばれるものだ．[1]

表 5 - 1　懇談会の構成員（所属先）

遠藤利明	文部科学副大臣
浅川　伸	日本アンチ・ドーピング機構事務局長，JOC アンチ・ドーピング委員会委員
勝田　隆	仙台大学教授，JOC 情報・医・科学専門委員会副委員長，JOC ゴールドプラン専門委員会副委員長，日本ラグビー協会理事
久木留　毅	専修大学准教授，JOC 情報・医・科学専門委員会委員（JOC 情報戦略部会部会長），JOC ゴールドプラン専門委員会委員，日本レスリング協会強化委員会委員
河野一郎	筑波大学教授，JOC 理事，JOC アンチ・ドーピング委員会委員長，日本アンチ・ドーピング機構理事，東京オリンピック招致委員会事務総長
田辺陽子	日本大学准教授，柔道メダリスト，JOC アスリート委員会副委員長，JOC アンチ・ドーピング委員会副委員長
和久貴洋	国立スポーツ科学センタースポーツ情報研究部先任研究員，JOC 情報・医・科学専門委員会委員（JOC 情報戦略部会副部会長），JOC ゴールドプラン専門委員会委員

出所：遠藤（2007），p. 37.

　遠藤議員は，「遠藤リポート」の内容を次のように要約している．

　　結論としては，「国家として取り組む以外に世界のトップスポーツの中
で日本が成功する道はない」ということであった．総論として，「いま，
なぜ国家戦略なのか５つの理由」を出した．こうだ．① 国際社会におけ
る真の先進国「日本」の「国力」と「プレゼンス」を高めるために．②
国際競技大会を通じた国家の安全保障・国際平和への貢献のために．③
国民の健全育成のために．④ 国内経済の活性化のために．⑤ 変わりゆく
世界のトップスポーツに対応するために．国内経済の活性化というのは，
スポーツを通じて地域おこしをしたり，オリンピック・パラリンピックな
ど，国際総合競技大会を招致することで，経済が動いていくことになると
いうこと．最後の⑤がまさに戦略論だ．どうしたら強いスポーツがつくれ
るか．本当はエリートスポーツと書きたかったけれど，日本ではエリート
という言葉に抵抗があるので，トップスポーツという表現にした．[2]（中略）
　「どうやったら，日本のスポーツを強くできるのか」ということをきっ
かけとして，「スポーツ振興に関する懇談会」をつくり，選手強化やスポー

第5章　形成期(「スポーツ振興に関する懇談会」設置後から「スポーツ基本法案」成立まで　2006年12月～2011年6月)の事例とその分析　　65

表 5 - 2　　審議経過

開催	日程	内容（施設見学等）
和歌山県現地調査	2006年11月 1 日	和歌山県セーリングセンター
第 1 回懇談会議	2006年12月20日	フリーディスカッション
オーストラリア現地調査	2007年 1 月14日～18日	ASC，AIS，通信・情報技術・芸術省，ASADA，シドニーオリンピックパーク
第 2 回懇談会議	2007年 1 月24日	検討項目について，開催計画について
第 3 回懇談会議	2007年 2 月28日	国家戦略の必要性について，世界の現状について，オーストラリア調査について（報告）
北海道現地調査	2007年 3 月16日～17日	美深町エアリアルプロジェクト，全日本スキー選手権大会（エアリアル種目）
第 4 回懇談会議	2007年 3 月28日	プレゼンテーション，ゲストスピーカーの選定について
第 5 回懇談会議	2007年 4 月18日	プレゼンテーション
第 6 回懇談会議	2007年 4 月25日	プレゼンテーション（ゲストスピーカー）
第 7 回懇談会議	2008年 5 月23日	レポート構想について
第 8 回懇談会議	2007年 6 月 6 日	レポート骨子案について
第 9 回懇談会議	2007年 6 月27日	レポート草案について
第10回懇談会議	2007年 6 月29日	レポート案について
第11回懇談会議	2007年 7 月18日	レポート案について

※ASC：オーストラリア政府出資の造船会社，AIS：オーストラリア国立スポーツ研究所，
　ASADA：オーストラリア・アンチドーピング機構.
出所：遠藤（2007），p. 33.

ツ振興の地盤づくりの準備を始めようということとなった．ポイントは，スポーツのプレゼンスをどのようにして高めるのか．そのためには，裏付けとなる法律が必要でないか，となった．まずは，1961年にできて，50年近く改正されずにあった「スポーツ振興法」の改正をすることが先決だ，となった．スポーツ振興法には，プロの概念もなかった.「女性スポーツ」「障がい者スポーツ」「アンチ・ドーピング」といった考えも全く入っていない．スポーツ振興法は東京オリンピック（1964年）をするために急いでつくった法律で，今の時代にそぐわないものになっていた．この懇談会の報告書（遠藤リポート）が，スポーツ政策を考える時の「バイブル」みたいな

表 5-3　スポーツ基本法成立までの経緯

年月日	主要事項
2006年12月	「スポーツ振興に関する懇談会」を設置
2007年8月	「「スポーツ立国」——ニッポン国家戦略としてのトップスポーツ」（「スポーツ振興に関する懇談会」レポート）「国家として取り組む以外に，世界のトップスポーツの中で，日本が成功する道はない」
2007年10月	上記レポートを受けて，自民党が政務調査会の1つとして「スポーツ立国調査会」を設置．麻生太郎会長，遠藤利明事務局長，森喜朗最高顧問
2007年11月	スポーツ議員連盟が「新スポーツ振興法制定PT」を設置．以後15回にわたり審議
2008年4月	「新スポーツ振興法制定PT」に有識者で構成される「アドバイザリーボード」を設置．以後9回にわたり審議
2008年6月	自民党政務調査会スポーツ立国調査会「「スポーツ立国」ニッポンを目指して——国家戦略としてのスポーツ」（中間報告）を発表
2009年4月	アドバイザリーボード「答申（中間報告）」で，スポーツ振興法を全面改訂して「スポーツ基本法（仮）」を制定することが提言される
2009年6月20日	自民党文部科学会，スポーツ立国調査会合同会議で「スポーツ基本法案」が承認される
2009年7月14日	自民党・公明党が「スポーツ基本法案」を第171回国会に提出．衆議院解散により審議未了・廃案
2009年9月16日	自民党政権から民主党政権へ
2009年10月2日	2016年五輪・パラリンピック競技大会の開催都市がリオデジャネイロに決定
2010年5月	民主党がスポーツ議員連盟を設立
2010年6月11日	自民党・公明党が「スポーツ基本法案」を一部修正し，第174回国会に提出
2010年8月26日	文部科学省が「スポーツ立国戦略」を策定
2011年5月16日	民主党スポーツ議員連盟（谷亮子会長）が「スポーツ基本法案」をとりまとめる．自公案ともすり合わせる形で，スポーツ基本法案を取りまとめる．自公案がトップレベルを重視していたのに対し，民主党案は住民参加型の地域スポーツの意義を強調
2011年5月17日	スポーツ議員連盟の「スポーツ基本法制定PT」を開催．自公の「スポーツ基本法案」と民主党の条文案を以後3回にわたり各党間で検討
2011年5月27日	衆議院文部科学委員会にスポーツ関係者を参考人招致し，意見聴取，質疑
2011年5月27日	スポーツ議員連盟総会でスポーツ基本法制定PTのスポーツ基本法案を了承
2011年5月31日	超党派（衆議院8会派共同）の提案で「スポーツ基本法案」が第177回国会に提出される
2011年6月1日	継続審議となっていた自公の「スポーツ基本法案」が撤回される
2011年6月9日	衆議院で「スポーツ基本法案」を全会一致で可決
2011年6月17日	参議院で「スポーツ基本法案」を全会一致で可決，成立
2011年7月25日	「スポーツ基本計画」策定を目指して「スポーツ振興に関する特別委員会」第1回会合
2012年1月30日	文部科学省「スポーツ基本計画の策定について（中間報告）」を公表
2012年2月13日	東京2020五輪・パラリンピック招致委員会が立候補申請ファイルをIOCに提出
2012年3月30日	「スポーツ基本計画」が文部科学省から発表される

出所：内海（2015），p. 9．

ものになっている．これがスタートだ．[3]

遠藤リポートの結論は，以下のとおりであった．

　国家を代表し，国際競争の場に立つトップアスリートの活躍と成功は，真の先進国「日本」としての国力，国家アイデンティティー，プレゼンスを高めるとともに，国際平和に大きく貢献する．また，国民の健全育成(健康・体力の増進，スポーツ振興，日本人・国民への強い同胞意識)，国内経済の活性化へも寄与するほか，国家および国民にとって非常に有意義・有益である．このようなトップスポーツの意義や価値を大前提として，トップスポーツの育成・強化は国の責任で行うべきであること，また国家予算を十分に投資すべきであることを提案する．

　その上で，国家が取り組む施策を「提言」として出した．重要な部分は次の通りだ．

　1．組織体制の整備

　① スポーツ省（庁）の設置

　「スポーツ省（庁）」を設置し，「スポーツ担当大臣」を配置する．国家がスポーツに対して最終的な責任をもつことを明確にし，現在，複数の省庁が行っているスポーツ行政を一元化する．

　② 日本スポーツコミッションの設立

　日本のスポーツ界全体を統括し，スポーツ振興の施策・事業を執行する機能を有する組織として，「日本スポーツコミッション（仮称）」を設立する．この組織は，日本のスポーツ振興の施策・事業の執行に対する全責任をもち，その結果に対する評価を受ける．

　③ スポーツ情報戦略局の設置

　日本のスポーツ政策・施策の立案および遂行を支える情報機関として，「スポーツ情報戦略局（仮称）」を設立する．このスポーツ情報戦略局を頂点とし，各関係機関に情報戦略セクションおよび情報戦略スタッフを設

置・配置し，「情報戦略コミュニティ」を確立する．

　2．新スポーツ振興法の制定

　1961年に制定された「スポーツ振興法」には，国の責務を明確にしている条項がない．また，法律制定から46年が経過し，この間，社会状況，国民のスポーツに対するニーズ，世界の国際競技力の状況などが著しく変化している．このため，「新スポーツ振興法」を制定し，国がトップスポーツ／トップアスリートの育成・強化に果たす責務を明文化するとともに，現在のスポーツを取り巻く状況を踏まえて必要な施策を規定する．

　3．財政基盤の確立

　真の先進国が備えるべき国力として，文化力とスポーツ力は同等，両輪である．国の責務が明記された「文化芸術振興基本法」(2001年) および「文化芸術の振興に関する基本的な方針」(2002年) を受け，文化庁予算は2003年度に1000億円を超え，また，国の一般会計に占める文化庁予算の割合は2006年度予算で過去最高の0.13％を占めた．

　これまで論じてきたように，トップスポーツは，真の先進国の国力において重要な要素の１つであり，文化芸術と同等である．しかし，2007年度のスポーツ関係予算をみると180億円という現状である．日本の国際競技力の向上を図り，真の先進国「日本」としての国力を備えるためには，当面の目標として文化庁予算と同等の1000億円をスポーツの育成に投資する．将来的には，フランスが文化振興策に国家予算の１％を投資しているのと同様に，国家予算の１％ (8000億円) の投資を目標とする．[4]

2　スポーツ立国調査会「中間報告」発表

　2007年10月，遠藤議員の私的諮問機関であった懇談会の提言「遠藤リポート」をオーソライズするために，自民党は，政務調査会の１つとして「スポーツ立国調査会」(麻生太郎会長) を設置した．遠藤議員は，この時のことを次のように述べている．

スポーツ振興に関する懇談会で「「スポーツ立国」ニッポン——国家戦略としてのトップスポーツ」と題する報告書はつくった．問題は，このレポートをどう実現していくのか，だった．まずは裏付けとなる新しい法律が必要だ．時代にあった法律をつくろうじゃないか，とワタシは思った．具体的な施策はスポーツ庁をつくって，そこで実際の政策運営をしていこう．スポーツ庁をつくるのはいいけれど，「行政改革」のご時世だから国民にはまだまだ抵抗があるだろう．みんなにその気になってもらうためにはどうすればいいだろう．そうだ，オリンピック・パラリンピック招致がある．招致活動が盛り上がれば，国民がスポーツに関心をもってくれる．スポーツ庁設置もインパクトがあると，気運が高まってくるかもしれない．そこで2016年東京オリンピック・パラリンピック招致を頑張ろうとなったんだ．当初はオリンピック・パラリンピック招致が目的だったのではない．オリンピック・パラリンピック招致が，スポーツ基本法やスポーツ庁など，スポーツ政策を進めるための効果的な1つの手段だと思ったんだ．

　順番からいえば，まずは法律だ．誰がそれを動かすのかといえば，今の文部科学省のスポーツ・青少年局だけど，スポーツ関連の施設が国土交通省，スポーツビジネスは経済産業省，障がい者スポーツは厚生労働省の管轄になっている．一体性がないので，これを統括する組織が必要だと思った．それには，スポーツ庁しかない．当初はスポーツ省を構想していたけど，行政改革の中では，新しい省をつくるには絶対反対という人たちが出てくる．「みんなの党」は，最初は絶対ダメだった．(中略)

　1年間かけて「遠藤リポート」をまとめた．ちょうど文部科学副大臣を辞めたので，自民党の中にスポーツを政策として調査研究する組織をつくらせてもらうことにした．(中略) 森喜朗先生に「先生，これどうですか？」と聞くと，「遠藤，それはいい」と賛同してくれた．「オマエが会長になるのか？」「いや，違います．調査会の会長って，大臣経験者でないといけませんから」．「う～ん，ちょっと待っていろ」，と言われて，森先生が提案されたのが，麻生太郎先生 (元内閣総理大臣) だった．「麻生でどうだ」

表5-4　自民党スポーツ立国調査会の構成員

会長	麻生太郎
会長代理	小坂憲次　鈴木恒夫
最高顧問	森喜朗
顧問	愛知和男　石原伸晃　臼井日出夫　衛藤征士郎　大島理森　川崎二郎　河村健夫　小杉隆　斎藤斗志二　笹川尭　島村宜伸　中山成彬　船田元　保利耕輔　森山真弓
副会長	逢沢一郎　今井宏　今津寛　小野晋也　小島敏男　塩谷立　萩生田光一　馳浩　原田義昭　松野博一　橋本聖子　吉村剛太郎
事務局長	遠藤利明
事務局次長	松本純
幹事	小渕優子　亀岡偉民　北川知克　木原誠二　橋本岳　有村治子　神取忍　水落敏栄

出所：自民党スポーツ立国調査会（2008），p. 7.

　と．（中略）こうして，「スポーツ立国調査会」は，麻生太郎会長，ワタシの事務局長でスタートした．森先生には最高顧問になっていただいた．（中略）組織づくりがうまくいったのは，幸いにも，森先生と麻生先生の，自民党内における影響力が大きかったからだ．当時政調会長だった谷垣先生はワタシが個人的に親しかったから，無条件に賛成してくれた．森，麻生，谷垣各先生が協力してくれたら，あとは文句をいう人はいないよ．[5]

　表5-4は自民党スポーツ立国調査会の構成員，表5-5は自民党スポーツ立国調査会の審議経過を示している．

　遠藤議員は，自民党スポーツ立国調査会に関して次のように述べている．

　　文部科学省も最初は恐る恐るだった．ワタシもなんとかしたいと思ってスタートしたけれど，本当にうまくいくのか，という不安があった．1980年モスクワ五輪ボイコットのトラウマゆえ，スポーツ界が反発しないのか，という気持ちもあった．文部科学省の人も，「こんなのつくって」と懐疑的であった．ある局長だって最初は冷ややかでね．でも，変わった．途中から，これは面白いといって乗り出してきたんだ．役人だから内容のまとめ方うまいんだ．こうまとめたほうがいいですよ，と，サポートしてくれ

第 5 章　形成期(｢スポーツ振興に関する懇談会｣)設置後から｢スポーツ基本法案｣成立まで　2006年12月～2011年6月)の事例とその分析　71

表 5-5　自民党スポーツ立国調査会の審議経過

回	日程	内容
第 1 回	2007年10月30日	・今後の進め方 ・「スポーツ振興に関する懇談会」報告書等について
第 2 回	2007年11月13日	・(財) 日本オリンピック委員会からのヒアリング 　竹田恒和 (〈財〉日本オリンピック委員会会長)
第 3 回	2007年11月27日	・(財) 日本体育協会からのヒアリング　森喜朗 (〈財〉日本体育協会会長) ・わが国のスポーツ振興に関する緊急決議 (案) について
第 4 回	2007年12月11日	・トップアスリートからのヒアリング 　谷亮子 (女子柔道，シドニー・アテネ五輪金メダリスト) 　室伏広治 (男子ハンマー投げ，アテネ五輪金メダリスト)
第 5 回	2008年 1 月29日	・国家としてのスポーツ振興についてのヒアリング 　二宮清純 (評論家・スポーツジャーナリスト) 　杉山茂 (スポーツプロデューサー)
第 6 回	2008年 2 月12日	・学校体育関係者からのヒアリング 　高橋健夫 (日本体育大学大学院教授，筑波大学名誉教授) ・地域スポーツ関係者からのヒアリング 　中平稔人 (福岡県立スポーツ科学情報センタースポーツ振興課長)
第 7 回	2008年 2 月27日	・トップアスリート指導者からのヒアリング 　上村春樹 (〈財〉全日本柔道連盟専務理事) 　金子正子 (〈財〉日本水泳連盟シンクロ委員会委員長)
第 8 回	2008年 3 月11日	・スポーツ組織の経営についてのヒアリング 　大坪正則 (帝京大学教授) ・アンチ・ドーピングについてのヒアリング 　河野一郎 (筑波大学教授，日本アンチ・ドーピング機構理事長)
第 9 回	2008年 3 月25日	・パラリンピック関係者からのヒアリング 　河合純一 (パラリンピック水泳メダリスト，中学校教諭) 　中森邦男 (〈財〉日本障害者スポーツ協会日本パラリンピック委員会事務局長)
第10回	2008年 4 月 8 日	・企業関係者からのヒアリング 　井口武雄 (三井住友海上火災保険 〈株〉常任顧問) ・トップレベル競技者のセカンドキャリアについてのヒアリング 　井原正巳 (サッカー指導者，元サッカー日本代表選手)
第11回	2008年 4 月22日	・スポーツ産業関係者からのヒアリング 　上田丈太郎 (ミズノ 〈株〉専務取締役) 　鶴田友晴 (〈株〉電通上席常務執行役員)
第12回	2008年 5 月13日	・オリンピック競技大会の誘致についてのヒアリング 　石原慎太郎 (東京都知事)

第13回	2008年5月20日	・企業関係者からのヒアリング 　張富士夫（トヨタ自動車株式会社社会長）
第14回	2008年5月27日	・（財）日本水泳連盟からのヒアリング 　佐野和夫（〈財〉日本水泳連盟副会長・専務理事） ・中間報告について
第15回	2008年6月3日	・中間報告案について
第16回	2008年6月10日	・中間報告案について

出所：自民党スポーツ立国調査会（2008），pp. 8 - 9.

　　るようになって，文書整理がうまくいくようになった．

　　ワタシにはなんとかしたいという熱意があった．役所というところは，自分たちが共感しないものに対しては夢中にならないけれど，自分たちが共感すると，少々組織から逸脱していても一生懸命やる．人をどんどん巻き込んでいけたのは，要するに「スポーツのチカラ」があったからだ．影響力だよね[6]．

2008年6月10日，スポーツ立国調査会は，「スポーツ立国」ニッポンを目指して──国家戦略としてのスポーツ」（中間報告）を発表した．中間報告は「遠藤リポート」とほぼ同じ内容であり，骨子は次のとおりである．

　　まず「競技力の向上に重点的に取り組み，スポーツの頂点を高めることによりスポーツの裾野を広げ，基盤を整備するとの視点」に立って，以下の戦略を推進しようとするものである．

　　戦略1：競技力の向上に国を挙げて取り組む（①トップアスリートの競技力向上，②国立スポーツ施設の計画的な整備と機能強化，③国際的に信頼されるドーピング防止活動促進，④スポーツ顕彰制度等の検討）

　　戦略2：国際競技大会の招致に国として積極的に取り組む（①国際競技大会の開催に対する支援，②スポーツ外交の強化，③オリンピズムの促進）

　　戦略3：地域のスポーツ環境の整備を支援する（①学校におけるスポーツ環境の充実，②地域におけるスポーツ環境の充実，③優れた才能をもつ人材を育成す

る取り組みの促進，④ 民間のスポーツ活動への支援，⑤ 国民体育大会の改革と支援の充実）

これら3つの戦略を実現するために，次の4つを目指すべきであるとした．

1） 国会において「スポーツ立国宣言」を決議する．
2） 現行のスポーツ振興法を抜本的に見直し「新スポーツ法」を制定する．
3）「スポーツ省（庁）」の設置に取り組むとともに，スポーツ振興体制の整備と関係組織の拡充・強化を図る．
4） スポーツ予算が文化予算と同水準の規模になることを目指し，スポーツへの投資を拡充させる[7]．

3 教育再生会議第3次報告と教育再生懇談会第4次報告

スポーツ立国調査会と超党派のスポーツ議員連盟の新スポーツ振興法制定PTにおける議論と並行して，政府の教育再生会議と教育再生懇談会においても，スポーツ政策に関する検討が行われた．

2007年12月，教育再生会議は，第3次報告において，スポーツ振興は国の責務であることを法的に明確にすべきであると提言した．さらに，教育再生会議を引き継いだ教育再生懇談会は，当初，スポーツを議題としなかった．しかし，2008年9月の麻生太郎内閣発足後，議題として扱うようになった．最終的に2009年5月の第4次報告において，① スポーツ基本法の制定，② スポーツ庁の設置等を提言した[8]．以下2つの報告の詳細を説明する．

① 教育再生会議第3次報告

2007年12月，教育再生会議は，「社会総がかりで教育再生を――学校，家庭，地域，企業，団体，メディア，行政が一体となって，すべての子どものために公教育を再生する」とする第3次報告を取りまとめた．これを実現するための

次の7つの方策が示された．1）学力の向上に徹底的に取り組む，2）徳育と体育で，健全な子どもを育てる，3）大学・大学院の抜本的な改革，4）学校の責任体制の確立，5）現場の自主性を生かすシステムの構築，6）社会総がかりでの子ども，若者，家庭への支援，7）教育再生の着実な実行である．

このうち2）に関しては，① 食育・生活習慣が一体となった体力向上とスポーツの振興を図る，② 体育専科教員や学校給食を通じた食育により体力向上を図る，③ スポーツを振興するため，たとえばスポーツ庁等一元的な行政組織の在り方の検討を行う，④ スポーツ振興は国の責務でもあることを法的に明確にすることが謳われた[9]．

② 教育再生懇談会第4次報告

2008年に教育再生会議の提言をフォローアップするために設けられた教育再生懇談会は，2009年2月，第3次報告を取りまとめた．その後，麻生首相より，スポーツの振興について検討するよう提案があり，議論が行われた．

2009年5月にまとめられた第4次報告では，1）「教育安心社会」の実現──「人生前半の社会保障」の充実を，2）教育のグローバル化と創造性に富んだ科学技術人材の育成，3）「スポーツ立国」ニッポンの3つが示された．

3）「スポーツ立国」ニッポンに関しては，基本的視点として，次の3点が示された．① 明るく豊かで活力に満ちた社会を築くためには，「スポーツ立国」ニッポンの実現が不可欠であること，② 体力づくり運動，学校教育，障害者スポーツ，地域スポーツ，企業スポーツ，トップアスリート等多岐にわたるスポーツ振興施策の推進が必要であること，③ 「スポーツ立国」ニッポンの実現に向け国として，多岐にわたるスポーツ振興施策をこれまで以上に総合的かつ計画的に展開していくため，地方公共団体やスポーツ団体，企業等とも一体となった取り組みの推奨が必要であることである．

また具体的なスポーツ振興施策の展開として，① スポーツ基本法を制定，新たなスポーツ振興基本計画を策定すること，② 新たにスポーツ庁を設置する等，国のスポーツ振興行政体制を強化することがあげられた[10]．

4 新スポーツ振興法制定 PT の論点整理

遠藤議員は，超党派のスポーツ議員連盟の「新スポーツ振興法制定 PT」の発足に関して次のように述べている．

> ワタシは，スポーツ振興法を変えるとすれば，議員のプロジェクトチームが必要だと考えた．2007年11月，(麻生先生が会長，ワタシが幹事長代理であった) 超党派のスポーツ議員連盟に「新スポーツ振興法制定プロジェクトチーム」が設置された．つまり，自民党は「スポーツ立国調査会」，スポーツ議員連盟は「新スポーツ振興法制定プロジェクト」と，同時並行で進めていったんだ．自民党は「遠藤リポート」をたたき台とし，全体的な政策を考える．スポーツ議員連盟では，改革の第一歩となる法律をつくっていくことであった[11]．(中略) 最初は河村建夫先生 (元内閣官房長官) に座長になってもらい，ワタシは事務局長となった (15回の審議)．またスポーツを政策として専門的にやってきた人がいなかったので，河野一郎さんにお願いして，有識者による「アドバイザリーボード」をつくっていただき，いろんな方々にご意見を頂戴した (9回の議論)[12]．

遠藤議員は，アドバイザリーボードの「答申」に関して次のように述べている．

> 2009年4月，スポーツ議員連盟のアドバイザリーボードが「答申」をうまくまとめてくれた．スポーツの価値を明確にし，国の責任で，国家戦略として，地域づくりや国際化を推進すべきだ．スポーツを通じた地域おこしや国際貢献をしよう．スポーツはそういうものだよ，と．国際的にも，日本がスポーツの価値をしっかり認めているとアピールするためにスポーツ庁をおくべきだって．スポーツに関する新法の内容検討に際しては，次の3点を考慮する必要があるとしている．
> ① 国家戦略としてのスポーツの位置付け
> スポーツを総合的な「国家戦略」として位置付け，今日的課題の解決に

とどまることなく，将来の日本の国際社会での存在意義や国際社会におけるスポーツの意義を見据えた，国際的なモデルとなる新法とする．

②国の責務の明記

国のスポーツに対する責務を新法に明確に記載する．その際，スポーツに関する国および地方公共団体の責務を明確化するとともに，義務規定を記載し，スポーツが人類にとって普遍的価値，公共性，公益性などを備えているとの認識を明確にする．

③所轄組織としてのスポーツ省（庁）の設置

新法で示される理念が確実かつ効果的に実行されていくためには，「国家戦略としてのスポーツ」の位置付けを踏まえ，現行の省庁組織の枠組みを超えた責任の権限をもって，スポーツに関与する省庁横断的な機能をもつスポーツ省（庁）を設置することが必要である．そのためのスポーツ関係組織の拡充・強化を図る必要もある．

なお，理念の実現に向けては予算的裏付けが不可欠である，とも書かれている．さらには，スポーツ振興法を全面改正して「スポーツ基本法（仮称）」の制定も提言された．それを受けて，超党派による「新スポーツ振興法制定プロジェクトチーム」で概要もまとまった．2016年東京オリンピック・パラリンピック招致が本格化していた頃だ．[13]

上述のように，教育再生懇談会第4次報告が公表されたのと同時期の2009年4月，自民党のスポーツ立国調査会は，「新スポーツ法」の制定とスポーツ省（庁）の設置に関する決議を行い，同調査会の前会長でもある麻生首相へ提出した．この動きを受けて，2009年5月，スポーツ議員連盟は，「スポーツ基本法に関する論点整理」をとりまとめた．論点整理は，スポーツ議員連盟総会において了承された．

論点整理では，1）法律の名称を「スポーツ基本法」に改め，振興法を全面改正すること，2）新たに前文を置き，スポーツに関する施策を国の政策の重要課題として推進すること，3）地域スポーツの振興とトップスポーツの振興

に努めること，４）国と地方公共団体の責務を明確に規定すること，５）国において スポーツ基本計画を定めること，６）指導者の養成やスポーツ施設の整備等を基本的施策として規定すること等，法律の骨格が示された[14]．

　しかし，議論がまとまらなかった点もあった．たとえば，スポーツの定義に関しては，「スポーツをより広く捉えるべきとの意見や国際的な動きを反映すべきとの意見，スポーツの概念を限定的に固定してしまう可能性があるので敢えて規定しない方が良いとの意見」が併記された．また，スポーツ庁の設置に関しても，「具体的・効果的にスポーツに関する施策を推進するために，国の関係行政機関が連携するしくみを検討する」こととされ，一定の含みを残すにとどまった[15]．

5　民主党反対と自公スポーツ基本法案国会提出・廃案

　上述のように，2009年５月，スポーツ議員連盟は，「スポーツ基本法に関する論点整理」をとりまとめた．この論点整理は，スポーツ議員連盟総会において了承された．各党は，スポーツ基本法の制定に向け議論を開始し，成文化することとした[16]．

　自民党は，スポーツ立国調査会の下に「スポーツ基本法制定WG」[17]（遠藤利明座長）を設置した．そして公明党とともに「スポーツ基本法案」を作成し，2009年６月23日，それぞれの党内の了承を得るとともに，同月に開催されたスポーツ議員連盟「新スポーツ振興法制定PT」に提示した[18]．

　民主党は，この自民党・公明党の原案に対し，１）競技水準の向上にやや重点が置かれすぎている，２）スポーツ権についての規定の内容が薄い，等の課題を指摘した．このため，自民党・公明党と民主党の調整がつかなかった．７月14日，最終的に，自民党・公明党は単独で，第171国会に「スポーツ基本法案」（2009年衆法第52号）を提出した．

　７月21日の衆議院解散により，この自民党・公明党による法案は審議未了で廃案となった[19]．

　遠藤議員は，スポーツ基本法案についての各党の思惑に関して次のように述

べている.

　麻生先生が内閣総理大臣を務めている時（2008年9月〜2009年9月），内閣官房長官だった河村先生から，「遠藤くん，スポーツ担当補佐官になる気はあるか？」と聞かれた．スポーツ庁設置準備のためのポストだった．（中略）河村先生に「お受けします」と答えた．そうしたら，自民党内から，「選挙間近だから，財政緊縮で行政改革をしようという時に新しい組織（スポーツ庁）をつくるのは具合が悪い」という反対があって，この話はダメになってしまった．

　それなら何とか早く裏付けとなる法律をつくろうということになった．スポーツ基本法をつくって，その中にスポーツ庁設置の必要性を書いてくれという要望もあったからだ．

　概要はすでにまとまっていたから，あとはそれを基にそれぞれの政党が議論して，スポーツ基本法案を出すつもりであった．もうじき選挙だから，各党にお願いしたけれど，なかなか他の党が動かなくて．当時の民主党内でも議論が進まず，結局，自民党と公明党でのとりまとめとなった．民主党の本音をいえば，衆議院が解散すれば自分たちが政権をとるから，民主党には自分たちが政権をとってからでもいいという思いがあったのかもしれない．あるいは，民主党の中で本当にそこまで煮詰まっていなかったのかもしれない．（中略）しょうがないから，自民党と公明党でスポーツ基本法の原案をつくった．2009年7月，自公で「スポーツ基本法案」を国会に提出した．でも直後に衆議院が解散されたため，審議されずに廃案となった[20]．

6　2016東京五輪・パラリンピック招致失敗

　表5-6は，2007年から2009年までの2016東京五輪・パラリンピック招致活動の概要を示している．

　2007年2月18日，2016東京五輪・パラリンピック招致のアピールを目的とし

第5章　形成期（「スポーツ振興に関する懇談会」設置後から「スポーツ基本法案」成立まで　2006年12月〜2011年6月）の事例とその分析　79

表5-6　2016年東京五輪・パラリンピック招致活動（2007年〜2009年）

年月日		東京五輪・パラリンピック関係
2007	2月18日	第1回東京マラソン
	4月23日	石原慎太郎が東京都知事再任（3期目）
	9月12日	安倍首相，体調不良のため辞任．その後，福田康夫内閣発足
2008	1月	国際オリンピック委員会に2016の立候補ファイル提出
	1月21日	ナショナルトレーニングセンター開設（東京都北区）
	6月4日	2016年五輪・パラリンピック立候補都市確定（東京，リオデジャネイロ，マドリード，シカゴ）
	8月8日	北京夏季オリンピック（〜8月24日）
	9月6日	北京夏季パラリンピック（〜9月17日）
	9月24日	麻生太郎内閣発足
	10月8日	ノーベル物理学賞（南部陽一・益川敏英・小林誠），化学賞（下村脩）の4名の日本人が受賞
2009	1月20日	米大統領に民主党のバラク・オバマが就任
	7月28日	ラグビーワールドカップ2019年大会日本開催決定，15年イングランド（英国）大会と同時決定
	9月16日	政権交代が実現．民主党鳩山由紀夫を首相とする連立内閣が発足
	10月2日	コペンハーゲンで行われた国際オリンピック委員会総会の2016年五輪・パラリンピック開催都市決定投票で，東京は2回目で落選．リオデジャネイロに決定

出所：笹川スポーツ財団Web（http://www.ssf.or.jp）より作成．

て，第1回東京マラソンが開催された．4月23日，石原慎太郎が3期目となる東京都知事に再任された．7月10日，招致ロゴが発表された．9月11日，閣議において，2016年夏季五輪・パラリンピックを東京都に招致することが了承された．9月12日，安倍晋三首相が体調不良により辞任することが発表された[21]．翌9月13日，2016年五輪・パラリンピックの立候補の受付が締め切られた．東京都，シカゴ，マドリード，プラハ，リオデジャネイロ，ドーハ，バクーの計7都市が立候補した[22]．11月19日，東京都は，2016東京五輪・パラリンピック開催基本計画を発表した[23]．

　2008年1月10日，東京都は，IOCに25項目からなる申請ファイルを提出した．1月21日，国内のトップアスリートの拠点となるナショナルトレーニング

センターが開設された[24]. 6月4日, IOC理事会は, 2016年五輪・パラリンピック立候補都市の第1次選考を行った. マドリード, シカゴ, リオデジャネイロ, 東京の4都市が選ばれ, 東京都は, トップの評価を得た[25]. 8月8日〜8月24日, 9月6日〜9月17日, 北京で夏季五輪・パラリンピックが開催された[26]. 9月26日, スポーツ議員連盟の中心議員である麻生太郎が首相に就任し, 招致活動に勢いが付いた. また, 10月8日, 4名の日本人が, ノーベル物理学賞 (南部陽一・益川敏英・小林誠), ノーベル化学賞 (下村脩) を受賞した. 日本人のノーベル賞受賞は, 五輪招致への追い風として期待された[27].

2009年1月20日, ライバル都市であるシカゴのバラク・オバマが米国大統領に就任した[28]. 2月12日, 東京都は, 詳細な開催計画を示した立候補ファイルをIOCに提出するとともに, 東京五輪招致委員会は, 政府の財政保証を得たと発表した. 2月24日, しかし, この財政保証に関して, 日本政府は, 質問主意書への答弁書の中で「債務を保証する措置を講じたい旨の意思表示である」として, 財務保証の締結を否定した[29]. 3月18日, 東京五輪招致を支援する国会決議案は, 自民党, 公明党, 民主党の賛成多数で可決された. 日本政府による財政保証に関しては, 与党である自民党と公明党が当時の最大野党であった民主党へ配慮したこともあり, 具体策には触れられなかった[30].

4月16日〜20日, IOC評価委員会は東京都の現地調査を行った. 東京都への質問は次の5つであった. すなわち, ①国際貢献はどのように考えているか, ②オリンピック・ムーブメントへの貢献は何か, ③東京で開催した場合の楽しいことは何か, ④メインスタジアムのテロへの予防策は何か, ⑤東京のアイコンは何かである.

東京都は, 評価委員会の質問に対して, 次のような理由から満足な回答を示せなかった. すなわち, ①国際貢献の具体策の欠如, ②アピールポイントの失敗 (環境五輪), ③選手村計画の低評価 (狭い, トレーニング施設が不十分), ④メインスタジアムの低評価 (海上にあるためセキュリティと観客の導線が問題, 天候に左右される), ⑤アイコンとなる建築物の欠如 (シドニー, アテネ, 北京, ロンドンとの比較) である[31].

第 5 章　形成期（「スポーツ振興に関する懇談会」設置後から「スポーツ基本法案」成立まで　2006年12月～2011年 6 月）の事例とその分析　　81

表 5 - 7　　2016年大会招致における投票結果

投票	第 1 回	第 2 回	第 3 回
シカゴ	18	—	
東京	22	20	—
リオデジャネイロ	26	46	66
マドリード	28	29	32
総計	94	95	98

出所：河野（2020），p. 13.

　　6 月17日と18日，東京都は，IOC 委員に対してプレゼンテーションを行い，シカゴとともに高評価を得た．7 月28日，2019年のラグビーワールドカップ日本開催が決定し，東京五輪招致に勢いを付けた[32]．9 月 2 日，IOC 評価委員会は，投票時に参考となる評価報告書を作成した．評価された部分は，① 半径 8 km 以内にほとんどの競技場を集約させたコンパクトな会場計画，② 犯罪率の低い治安の良さ，③ 日本政府による確実な財務保証，④ 環境面等であった．他方，懸念材料は，① 世論の支持率，② メインスタジアム周辺の輸送面，③ 選手村の規模等であった[33]．

　　9 月16日，政権交代が実現し，鳩山由紀夫が首相となり，民主党・社民党・国民新党による連立内閣が発足した．このため，IOC によって評価された「政府による財務保証」の問題が心配された[34]．

　　10月 2 日，コペンハーゲンで行われた IOC 総会において，各都市の最終プレゼンテーションが行われた．その後投票が行われた[35]．表 5 - 7 は投票結果である．

　　4 都市は当該国の IOC 委員を除く94票を争った．第 1 回投票では，トップのマドリードが28票で29％，2 位のリオデジャネイロが26票で27％，3 位の東京が22票で23％，4 位のシカゴは18票で約20％を獲得した．予想通り，第 1 回の投票は大接戦であった．第 1 回の投票で過半数を獲得した都市がない場合は，最初に獲得数の最も少ない都市が脱落して，第 2 回の投票が行われる．このため，シカゴが最初に脱落した[36]．

82

　第2回の投票では，脱落したシカゴの票が，同じ大陸ゾーンに位置するリオデジャネイロに全て回り，第1回の東京の票の2票もリオデジャネイロに流れた．マドリードは1票しか伸ばせず，東京の脱落が決定した．最終投票では，東京への票がほぼリオデジャネイロに回り，リオデジャネイロが開催権を獲得した．東京はリオデジャネイロに敗れた[37]．

　投票結果に関して，評価委員会からの日本に対する低評価に加えて，五輪・パラリンピック招致への日本全体の連携の不備が投票敗北につながったとの指摘がなされた．当時五輪・パラリンピック招致議員連盟の幹事長であった遠藤議員は，2016東京五輪・パラリンピック招致活動について次のように述べている．

　　その時はまず，オリンピック・パラリンピック招致支援の国会決議をもらおうと，動き始めた．しかし，東京都の動きがちぐはぐだった上，国会の中も意思統一がなかなかできず，国会決議するために3カ月もかかった．東京都と日本オリンピック委員会（JOC）と国の連携が全然とれていなくて，どうなるんだろうと心配していた．IOC総会の投票では，アメリカのオバマ大統領がきていたのに，シカゴ（アメリカ）が最初に落ちた．オリンピック・パラリンピック招致って政治力だけでは解決できないものがあるな，と思ったものだ．2回目の投票で東京都が落選した．ワタシもコペンハーゲンの総会会場にいて，石原慎太郎東京都知事（当時）の近くに座っていたが，全体的に招致成功への熱意が今一つ感じられなかった．みんな心底，勝てるとは思っていなかったと思う．もちろん，敗れた悔しさはあったけれど[38]．

7　民主党政権下の文部科学省による「スポーツ立国戦略」策定

　2009年8月末の衆議院総選挙により，9月16日，民主党内閣が誕生した．スポーツ基本法案は新たな状況下で検討されることになった．

　2010年2月，鳩山内閣の川端達夫文科相は「スポーツ基本法案の検討を含め，

スポーツ立国戦略を策定してまいります」と表明した. さらに, 3月, 鈴木寛文部科学副大臣は「今後, スポーツ選手や有識者からのヒアリングを実施し, 夏頃までにスポーツ立国戦略をまとめたい. 戦略には, スポーツ基本法の在り方やスポーツ庁の設置が盛り込まれる見通しである. 日本をスポーツ立国にするための全体像を決めたい」と述べた[39].

これを受け, 文部科学省は, スポーツ振興法を見直し新たにこれに代わる「スポーツ基本法」の検討を視野に入れた. そして, 今後の日本のスポーツ政策の基本的な方向性を示す「スポーツ立国戦略」の策定に着手した[40].

策定のためのヒアリング調査は, さまざま組織や個人に対して行われた. その概要は表5-8～表5-12のとおりであった.

文部科学省は, 現場でのヒアリング調査のあと, 中央教育審議会スポーツ・青少年分科会での検討, さらに「熟議」プロセスを経て, 2010年8月26日,「スポーツ立国戦略」を発表した[41].

「スポーツ立国戦略」は, 日本の「新たなスポーツ文化の確立」を目指し, ① 人(する人, 観る人, 支える(育てる)人)の重視, ② 連携・協働の推進を基本的な考え方として, それらに導かれる今後おおむね10年間で実施すべき5つの重点戦略, 政策目標, 重点的に実施すべき施策や体制整備の在り方等をパッケージとして示していた.

ここで示された5つの重点戦略は次のとおりであった. 1)ライフステージに応じたスポーツ機会の創造, 2)世界で競い合うトップアスリートの育成・強化, 3)スポーツ界の連携・協働による「好循環」の創出, 4)スポーツ界における透明性や公平・公正性の向上, 5)社会全体でスポーツを支える基盤の整備である[42].

以上の5つの重点戦略の目標と主な施策をもとに,「スポーツ立国戦略」実現のための国の体制整備と今後の進め方が次の4つにまとめられた.

第1に, スポーツ振興財源の効率的な活用では, 国費では国として責任をもって実施する施策(ナショナルチームの強化, 地域スポーツの基盤整備, 学校体育の充実等)を実施するとともに, 基金助成とくじ助成は「スポーツ振興助成(仮称)」とし

表 5 - 8 有識者等からのヒアリング調査

開催回	年月日	出席者・団体
第 1 回	2010年 3 月10日	朝原宜治，平尾誠二，古田敦也
第 2 回	2010年 4 月 6 日	日本体育協会 日本オリンピック委員会 日本レクリエーション協会 全国体育指導委員連合 日本武道館
第 3 回	2010年 4 月 9 日	日本中学校体育連盟 全国高等学校体育連盟 全国体育系大学学長・学部長会 日本障害者スポーツ協会 日本スポーツ仲裁機構
第 4 回	2010年 4 月14日	岡部哲也，河合純一，宮嶋泰子，山下泰裕，山田満知子
第 5 回	2010年 4 月20日	勝田隆，久野譜也，黒須充，斉藤健治，高橋義雄，山口泰雄，日本アンチ・ドーピング機構

出所：文部科学省（2010），p. 1.

表 5 - 9 現場に出向いてのヒアリング調査

分類	訪問数	調査先
地方公共団体	12地域	北海道，秋田県，東京都，富山県，愛知県，滋賀県，大阪府，和歌山県，鳥取県，徳島県，福岡県，鹿児島県
企業	7 社	JTB，セントラルスポーツ，コナミスポーツ＆ライフ，日本トップリーグ連携機構，アルビレックス新潟，ブレイザーズスポーツクラブ，大塚製薬
学識経験者	11名	斎藤健司（筑波大学），清水紀宏（筑波大学），岡出美則（筑波大学），福永哲夫（鹿屋体育大学），高橋健夫（日本体育大学），辻一郎（東北大学），柳沢和雄（筑波大学），西嶋尚彦（筑波大学），南木恵一（〈株〉メディアプロ），横山勝彦（同志社大学），奥脇透（国立スポーツ科学センター）

出所：文部科学省（2010），p. 1.

表 5 -10 地方公共団体，スポーツ団体，地域クラブ関係者等の調査先

訪問日時	地域	訪問先
2010年 2 月23日〜24日	鹿児島県	南さつま市教育委員会生涯スポーツ課
2010年 2 月25日〜26日	愛知県	愛知県教育委員会体育スポーツ課 NPO法人ソシオ成岩スポーツクラブ 豊根村教育委員会
2010年 3 月 1 日〜 2 日	鳥取県	湯梨浜町生涯学習・人権推進課

第5章 形成期(「スポーツ振興に関する懇談会」設置後から「スポーツ基本法案」成立まで 2006年12月〜2011年6月)の事例とその分析 85

		鳥取県教育委員会スポーツ振興課 鹿の助スポーツクラブ
2010年3月4日〜5日	富山県	富山県体育協会 富山県広域スポーツセンター 富山県教育委員会スポーツ・保健課 スポーツクラブ富山 株式会社アピアスポーツクラブ NPO法人こすぎ総合スポーツクラブきらり
2010年3月8日〜9日	福岡県	SOUTHクラブ 福岡市市民局文化・スポーツ部 アクシオン福岡 若松サンシャインスポーツクラブ
2010年3月9日	秋田県	秋田県スポーツ科学センター 秋田県教育庁保健体育課
2010年3月11日	北海道	札幌ドーム
2010年3月15日〜16日	和歌山県	和歌山県教育委員会生涯学習局スポーツ課 ナショナルトレーニングセンター競技別強化拠点 (セーリング) 田辺市教育委員会スポーツ振興課 NPO法人くちくまのクラブ「SEACA」
2010年3月18日〜19日	滋賀県	東レ株式会社滋賀事業場 滋賀県教育委員会スポーツ健康課 滋賀県体育協会
2010年3月22日〜25日	北海道	北海道教育委員会生涯学習推進局文化・スポーツ課 日本ハムファイターズ 札幌市観光文化局スポーツ部 夕張市教育委員会教育課 夕張リゾート株式会社 ゆうばり文化スポーツセンター(地域スポーツクラブ)
2010年4月20日	東京都	NPO法人調和SHC倶楽部
2010年4月24日	徳島県	鳴門市総合型地域スポーツクラブNICE 大塚製薬 NPO法人あいずみスポーツクラブ
2010年4月24日	和歌山県	NPO法人くちくまのクラブ「SEACA」 ナショナルトレーニングセンター競技別強化拠点 (セーリング)
2010年4月24日	大阪府	堺市立サッカー・ナショナルトレーニングセンター ブレイザーズスポーツクラブ

出所：文部科学省(2010), 参考資料 p. 1.

表 5-11　企業スポーツ・関連企業等

訪問日時	企業等	ヒアリングの主な内容
2010年2月15日	JTB	スポーツと観光の現状
2010年2月22日	セントラルスポーツ	民間スポーツクラブの現状（複数種目）
2010年2月25日	コナミスポーツ＆ライフ	民間スポーツクラブの現状（複数種目）
2010年2月25日	日本トップリーグ連携機構	トップリーグの現状
2010年3月2日〜3日	アルビレックス新潟	アルビレックス新潟の現状
2010年3月15日 2010年4月25日	ブレイザーズスポーツクラブ	地域密着クラブチームの現状
2010年4月24日	大塚製薬	企業スポーツの現状

出所：文部科学省（2010），参考資料 p. 3.

表 5-12　体育系大学等の研究者

訪問日時	大学等	聴取者	ヒアリングの主な内容
2010年1月27日	筑波大学	斎藤健司	諸外国におけるスポーツ法の現状
2010年2月18日	筑波大学	清水紀宏	総合型クラブ現状
2010年2月22日	筑波大学	岡出美則	学校体育の現状
2010年2月24日	鹿屋体育大学	福永哲夫	高齢者スポーツの現状
2010年3月1日	日本体育大学	高橋健夫	青少年スポーツの現状
2010年3月1日	東北大学	辻一郎	運動による医療費抑制の現状
2010年3月1日	筑波大学	柳沢和雄	地域クラブマネジメントの現状
2010年3月4日	筑波大学	西嶋尚彦	子どもの体力・運動能力の現状
2010年3月5日	メディアプロ	南木恵一	総合型クラブ展開の現状
2010年3月15日	同志社大学	横山勝彦	スポーツとソーシャルキャピタルの現状
2010年4月19日	国立スポーツ科学センター	奥脇透	スポーツ医学の現状

出所：文部科学省（2010），参考資料 p. 3.

て一元化することが示された．

　第2に，国の総合的なスポーツ行政推進のための組織の在り方では，総合的なスポーツ行政体制の検討が出され，現場の視点に立った総合的なスポーツ振興施策を実行するため，関係省庁が相互連携する連絡会議を新設することや政

府の行政組織の検討の中で,「スポーツ庁」等の在り方について検討すること
が示された. さらに, 日本スポーツ振興センターの支援機能の強化と体制整備
が示された.

第3に, スポーツ基本法等の関連法制の整備では, スポーツ基本法の検討が
示され, スポーツ振興法を半世紀ぶりに見直し, 新しい政策の拠り所となる「ス
ポーツ基本法」を検討することが示された. さらに, 関連法制の見直しの検討
が示された.

第4に, 今後の進め方については, 本戦略を踏まえ,「スポーツ基本法」等
の検討に取り組むとともに, 短期的に実現すべき施策については, 財政運営戦
略を踏まえた2011年度の概算要求や, スポーツ振興くじ・スポーツ振興基金の
助成内容に反映させることが示された. また, 中長期的に取り組むべき施策に
ついては, 今後新たに策定するスポーツ振興基本計画において具体的な実施計
画を示すこととされた[43].

「スポーツ立国戦略」は, その後の民主党におけるスポーツ基本法案の検討
に大きな影響を与えた. 9月, 鈴木寛文部科学副大臣は「スポーツ基本法を来
年の通常国会に提出する」と述べた[44].

8 民主党「スポーツ基本法案」検討

自民党政権から民主党政権へ交代した後, スポーツ基本法案に関する議論は,
超党派のスポーツ議員連盟から与野党それぞれの党内に移り, 継続された[45].

2010年6月, 自民党・公明党は, 文部科学省で「スポーツ立国戦略」の検討
が進められる中, 廃案となった法案を再び国会に提出できるよう, みんなの党
も加えて, 法案の検討を再開した. 主な論点は,「スポーツ権」と「スポーツ
仲裁」の取り扱いであった. 6月11日, 自民党・公明党案が, 第174回国会に
提出された. この法案は第175回国会以降も継続審議の扱いとされた[46].

他方, 民主党は, 5月20日, 基本法の具体的内容を検討するために, 民主党
スポーツ議員連盟を発足させた. 8月, 谷亮子議員が会長に就任し, 11月の総
会において, 基本法案の具体的な検討を開始することを決定した[47].

2011年2月2日，民主党スポーツ議員連盟は，文部科学部門会議スポーツ政策 WG（奥村展三座長）と合同で，スポーツ基本法の制定に向けてスポーツ団体等からヒアリングを実施した．そして3月，「「スポーツ基本法」の制定に向けた基本的な考え方」を取りまとめた[48]．

「基本的な考え方」では，衆議院に提出されている自民党・公明党案に民主党のスポーツ政策に関する考え方を反映させた具体的な修正事項が列挙されていた[49]．この「基本的な考え方」をもとに，具体的な条文化がなされ，5月16日の民主党スポーツ議員連盟・スポーツ政策 WG 合同総会において，民主党としての「スポーツ基本法案」が了承され，各党との調整については執行部に一任された[50]．

民主党スポーツ基本法案の特徴は，①「スポーツを通じて幸福で豊かな生活を営むことはすべての人々の権利」であることの明記，②スポーツ団体のガバナンスの規定の整備，③地域スポーツをより重視した規定の充実，④スポーツ推進協議会の設置等があげられる[51]．

9　スポーツ基本法案成立

2010年10月のスポーツ議員連盟の総会において，民主党の「スポーツ基本法案」の検討状況を踏まえ，改めてスポーツ基本法を検討するための PT を再開する旨の決定がなされていた[52]．このため，2011年5月16日に民主党案がまとまったことを受け，5月17日，正式に「スポーツ基本法制定 PT」（奥村展三議員，遠藤利明議員，共同座長）が発足した[53]．この PT は，民主党，自民党，公明党，共産党，社民党，みんなの党，国民新党，新党改革の議員で構成され，5月17日から3回にわたり開催された[54]．

PT では，既に国会に提出されている自民党・公明党案と民主党案をたたき台とし，アドバイザリーボードの有識者の意見も聴取しながら，超党派の案が取りまとめられていった．この PT で議論された主な論点は次のとおりであった[55]．

1）民主党案では，スポーツの定義が限定的に明示されており，スポーツ施策を進めるうえで，不都合が生じるので，あまり限定的にならないように修正すべきではないか．

2）民主党案では，法律の目的や基本理念で「スポーツの推進」が多く使われているが，これでは近年国際的に理解されつつある「スポーツを通じた発展」という趣旨が出にくい．

3）民主党案にある「スポーツ推進協議会」は，新たな大臣の諮問機関である行政組織の新設であり，組織の肥大化につながり，行政改革を推進する立場からは厳しい意見が出てくる可能性がある．こうした組織の議論は，スポーツ庁の検討と合わせて行われるべきである．

4）スポーツ団体にも条文の見出しでは「責務」が使われている．スポーツ団体の自主性を尊重する立場からは，国・地方公共団体と異なる言葉を使用するべきではないか．

5）民主党案のスポーツ振興のための財源に関する国民の理解の増進の規定は，スポーツ振興投票制度に反対する立場もあることから削除すべきではないか．

6）オリンピック憲章でも環境問題が触れられていることから，「環境の保全」について記述を入れるべきではないか．[56]

　5月27日，このような論点の調整が行われ，修正された「スポーツ基本法案」は，開催された超党派のスポーツ議員連盟の総会で，原案通り了承された．[57]

　5月31日，「スポーツ基本法案」は，民主党，自民党，公明党，共産党，社民党，国民新党・新党日本，たちあがれ日本，国益と国民の生活を守る会の8会派（みんなの党を除く）の共同提案（提出者代表は奥村展三議員）として第175回国会に提出された．[58] 衆議院では，5月31日に文部科学委員会に付託された．6月1日の文部科学委員会で継続審議となっていた自民党・公明党案の撤回が許可された．[59]

　衆議院文部科学委員会では，スポーツ基本法案が提出されるのに先立つ5月

90

25日，スポーツ施策等の諸課題について質疑が行われた[60]．そして，5月27日，参考人調査として，小倉弐郎，河野一郎，了徳寺健二，佐伯年詩雄の4名から意見聴取が行われた[61]．

　衆議院文部科学委員会で可決された「スポーツ基本法案」は，6月9日，本会議において採決が行われ，全会一致で可決され，参議院に送付された[62]．参議院では，6月16日，文部科学委員会で，「スポーツに関する基本施策」の審議および「スポーツ基本法案」の審議が行われた．質疑では，スポーツ予算の充実，障害者スポーツへの支援，スポーツ庁設置に向けての展望等について議論が行われ，採決では全会一致で可決すべきものとされた．翌17日の本会議において，「スポーツ基本法案」は，全会一致で可決され，成立した[63]．

　遠藤議員は，このスポーツ基本法の議員立法による制定の意義に関して次のように述べている．

　　その時，よかったのは「スポーツ権」と明確に書き込めたことだった．当初，「権利」という言葉を法案に入れるのは，衆議院の法制局が難しいという見解を示していた．それを書くと，国が責任を負わなければいけなくなり，時期尚早だということだった．だが法制局の見解が変わり，議員立法であれば必ずしも予算の裏付けは必要なく，「スポーツ権」と法案に盛り込んでもいいとなったんだ．さらにはスポーツ仲裁機構〈JSAA〉，選手の権利を明確に書けたこともよかった．そして環境への配慮．この3つは，共産党なども含めてトータルで議論した中で，出てきた言葉だった．環境に配慮する，考慮する．共産党も入ってきたし，まさに超党派による全会一致の議員立法となったんだ[64]．

10 形成期の分析

　形成期は，「スポーツ振興に関する懇談会」設置後から「スポーツ基本法案」成立まで（2006年12月〜2011年6月）の約4年半である．以下形成期の分析を行う．分析結果は表5-13に要約される．

表 5−13　形成期の分析結果

（「スポーツ振興に関する懇談会」設置後から「スポーツ基本法案」成立まで　2006年12月〜2011年 6 月）

参加者	政府（内閣・省庁）	① 文部科学省，⑧ 麻生太郎首相，⑨ 民主党内閣
	議員・国会	② スポーツ議員連盟，⑦ 自民党，⑩ 公明党，⑪ 民主党，⑫ 民主党スポーツ議員連盟，⑬ 鈴木寛文科副大臣
	市民団体	
政策アクティビスト		① 遠藤利明文科副大臣
政策形成の場		② 国会，④ スポーツ振興に関する懇談会，⑤ スポーツ立国調査会，⑥ スポーツ議員連盟の新スポーツ振興法制定 PT，⑦ 教育再生会議，⑧ 教育再生懇談会，⑨ 文部科学省スポーツ政策企画室，⑩ 民主党スポーツ議員連盟の会合，⑪ スポーツ議員連盟のスポーツ基本法制定PT
問題の流れ	期首のアジェンダ	アジェンダ【問題①〜②】
	問題	③ 新スポーツ振興法の制定，④ スポーツ省（庁）の設置
	問題の窓	③ スポーツ振興に関する懇談会の設置
政策の流れ	期首の政策状況	政策状況【政策案①〜⑤】
	政策案	⑥ 懇談会「「スポーツ立国」ニッポン」，⑦ 教育再生会議「第 3 次報告」，⑧ スポーツ立国調査会「「スポーツ立国」ニッポンを目指して」（中間報告），⑨ スポーツ議員連盟「スポーツ基本法に関する論点整理」，⑩ 教育再生懇談会「第 4 次報告」，⑪ 自民党・公明党スポーツ基本法案，⑫ 文部科学省の「スポーツ立国戦略」，⑬ 民主党スポーツ基本法案，⑭ スポーツ基本法案
政治の流れ	政治の窓	② 麻生内閣の発足，③ 民主党内閣の発足
	政治	③ 麻生内閣の存続，④ 民主党内閣の存続，⑤ 民主党スポーツ議員連盟結成
	期首の政治状況	政治状況【政治①〜②】
期末のアジェンダ・政策状況・政治状況の結び付き〈政策の決定・正当化〉		アジェンダ【問題①〜④】・政策状況【政策案①〜⑭】・政治状況【政治①〜⑤】は，相互に結び付いているが，部分的なパッケージしか構成されず，政策は決定・正当化されない

〔1〕参加者

　形成期において，政府（内閣・省庁）の主要な参加者は3つであった．すなわち，参加者①〈文部科学省〉，参加者⑧〈麻生太郎首相〉，参加者⑨〈民主党内閣〉である．以下3つの参加者について説明する．

　参加者①〈文部科学省〉は，民主党政権のもとにあった2010年8月，「スポーツ立国戦略」を策定した．

　参加者⑧〈麻生太郎首相〉は，超党派のスポーツ議員連盟とスポーツ立国調査会の両会長として，新スポーツ振興法制定の議論を加速させた．さらに首相就任後は，教育再生懇談会に対して，スポーツ振興に関する検討を要請し，スポーツ基本法制定を提言させた．

　参加者⑨〈民主党内閣〉は，2009年8月末の衆議院総選挙により誕生した．最終的に，スポーツ基本法案は，民主党政権のもとで決定・正当化された．

　形成期において，議員・国会の主要な参加者は6つであった．すなわち，参加者②〈スポーツ議員連盟〉，参加者⑦〈自民党〉，参加者⑩〈公明党〉，参加者⑪〈民主党〉，参加者⑫〈民主党スポーツ議員連盟〉，参加者⑬〈鈴木寛文科副大臣〉であった．以下6つの参加者について説明する．

　参加者②〈スポーツ議員連盟〉は，2007年11月，新スポーツ振興法制定PT，さらに2011年3月，スポーツ基本法制定PTをそれぞれ発足させた．

　参加者⑦〈自民党〉と参加者⑩〈公明党〉は，2009年7月14日，「スポーツ基本法案」を第171国会に提出した．この法案は，7月21日の衆議院解散により，審議未了で廃案となった．

　参加者⑪〈民主党〉は，2010年5月，スポーツ基本法案の具体的内容を検討するためのスポーツ議員連盟を発足させた．

　参加者⑫〈民主党スポーツ議員連盟〉は，2011年3月，「「スポーツ基本法」の制定に向けた基本的な考え方」をとりまとめた．

　参加者⑬〈鈴木寛文科副大臣〉は，2010年8月の，文部科学省の「スポーツ立国戦略——スポーツコミュニティ・ニッポン」の策定を民主党内閣の副大臣

として主導した．さらに鈴木は，2011年3月の民主党のスポーツ基本法案の取りまとめに尽力した．

〔2〕政策アクティビスト

　形成期において，政策アクティビストは，政策アクティビスト①〈遠藤利明文科副大臣〉であった．上述のように，遠藤は，文科副大臣就任と同時に，自らの私的諮問機関としてスポーツ振興に関する懇談会を設置し，遠藤リポートをまとめあげた．遠藤は，その後，自民党スポーツ立国調査会の設置と議論，スポーツ基本法制定，および失敗した2016年東京五輪・パラリンピックの招致活動に尽力した．

　河野一郎は，遠藤利明議員，森喜朗議員，麻生太郎議員の3者の関係に関して次のように述べている．[65]

　　　遠藤利明議員の調整力は非常に強かった．他方，動かす原動力は，やっぱり森喜朗議員と麻生太郎議員だった．[66]

〔3〕政策形成の場

　形成期において，主要な政策形成の場は以下の9つであった．すなわち，政策形成の場②〈国会〉，政策形成の場④〈スポーツ振興に関する懇談会〉，政策形成の場⑤〈スポーツ立国調査会〉，政策形成の場⑥〈スポーツ議員連盟の新スポーツ振興法制定PT〉，政策形成の場⑦〈教育再生会議〉，政策形成の場⑧〈教育再生懇談会〉，政策形成の場⑨〈文部科学省スポーツ政策企画室〉，政策形成の場⑩〈民主党スポーツ議員連盟会合〉，政策形成の場⑪〈スポーツ議員連盟のスポーツ基本法制定PT〉であった．以下9つの政策形成の場について説明する．

　政策形成の場②〈国会〉は，2011年6月，「スポーツ基本法案」が決定・正当化された場である．

　政策形成の場④〈スポーツ振興に関する懇談会〉は，2006年12月，遠藤文部

科学副大臣が自らの私的諮問機関として設置したものである．懇談会において，遠藤リポートが作成された．

政策形成の場⑤〈スポーツ立国調査会〉は，2007年10月，「遠藤リポート」をオーソライズするために，自民党が政務調査会の1つとして設置した場であり，2008年6月，中間報告が発表された．

政策形成の場⑥〈スポーツ議員連盟の新スポーツ振興法制定PT〉は，2007年11月，設置され，専門家や関係団体からのヒアリングが行われ，法案の作成が進められた．

政策形成の場⑦〈教育再生会議〉は，2006年10月，第1次安倍内閣が設置した場である．2007年12月，第3次報告において，スポーツ振興は国の責務であることを法的に明確にすべきであると提言された．

政策形成の場⑧〈教育再生懇談会〉は，教育再生会議を引き継いだ場であり，2009年5月の第4次報告において，①スポーツ基本法の制定，②スポーツ庁の設置等が提言された．

政策形成の場⑨〈文部科学省スポーツ政策企画室〉は，2010年8月，民主党政権下において「スポーツ立国戦略——スポーツコミュニティ・ニッポン」が策定された場である．

政策形成の場⑩〈民主党スポーツ議員連盟会合〉は，2010年5月，基本法の具体的内容を検討するため発足した場であり，2011年3月，「「スポーツ基本法」の制定に向けた基本的な考え方」がとりまとめられた．

政策形成の場⑪〈スポーツ議員連盟のスポーツ基本法制定PT〉は，2011年5月，正式に発足した場である．最終案である「スポーツ基本法案」は，5月27日，PTにおいて了承され，衆議院に提出された．

〔4〕問題の流れ

形成期の開始とともに，問題の窓③〈スポーツ振興に関する懇談会の設置〉が開いた．この問題の窓③が開いたことを契機に，問題③〈新スポーツ振興法の制定〉と問題④〈スポーツ省（庁）の設置〉が認識・定義され，問題の流れ

の中に湧き出た．これら問題③と問題④は，開いた問題の窓③を通って，政策の流れに入り浮遊していた．まず問題③について説明する．遠藤議員は，「スポーツ振興に関する懇談会の設置」に関して次のように述べている．

　「どうやったら，日本のスポーツを強くできるか」ということをきっかけとして，「スポーツ振興に関する懇談会」をつくり，選手強化やスポーツ振興の地盤づくりの準備を始めようということになった．ポイントは，スポーツのプレゼンスをどのようにして高めるのか．そのためには，裏付けとなる法律が必要でないか，となった．まずは1961年にできて，50年近く改正されずにあった「スポーツ振興法」を改正することが先決だ，となった．スポーツ振興法には，プロの概念もなかった．「女性スポーツ」「障がい者スポーツ」「アンチ・ドーピング」といった考えもまったく入っていない．スポーツ振興法は東京オリンピック（1964年）をするために急いでつくった法律で，今の時代にはそぐわないものになっていた．[67]（中略）このため，「新スポーツ振興法」を制定し，国がトップスポーツ／トップアスリートの育成・強化に果たす責務を明文化するとともに，現在のスポーツを取り巻く状況を踏まえて必要な施策を規定する．[68]

　次に問題④について説明する．遠藤議員は「遠藤リポート」に関して次のように述べている．

　　重要な部分は「組織体制の整備（スポーツ省（庁）の設置）」であった．すなわち，「スポーツ省（庁）」を設置し，「スポーツ担当大臣」を配置する．国家がスポーツに対して最終的な責任をもつことを明確にし，現在，複数の省庁が行っているスポーツ行政を一元化する．[69]

　形成期のアジェンダは，アジェンダ【問題①～②】であった．形成期中に，上述の問題③と問題④が新たに追加された．これにより，形成期末のアジェンダは，アジェンダ【問題①～④】となった．なお，スポーツ庁設置に関しては，問題④〈スポーツ省（庁）の設置〉のみが認識・定義されたにすぎなかった．

〔5〕政策の流れ

　形成期において，政策の流れの岸にいる参加者は，政策案⑥から政策案⑭の
生成・特定化を行い，政策の流れに投げ込んだ．その結果，これら9つの政策
案が政策の流れに浮遊していた．すなわち，政策案⑥〈懇談会「「スポーツ立
国」ニッポン」〉，政策案⑦〈教育再生会議「第3次報告」〉，政策案⑧〈スポー
ツ立国調査会「「スポーツ立国」ニッポンを目指して」(中間報告)〉，政策案⑨
〈スポーツ議員連盟「スポーツ基本法に関する論点整理」〉，政策案⑩〈教育再
生懇談会「第4次報告」〉，政策案⑪〈自民党・公明党スポーツ基本法案〉，政
策案⑫〈文部科学省の「スポーツ立国戦略」〉，政策案⑬〈民主党スポーツ基本
法案〉，政策案⑭〈スポーツ基本法案〉である．以下9つの政策案について説
明する．

　政策案⑥〈懇談会「「スポーツ立国」ニッポン」〉は，2007年8月の遠藤リポー
トであり，① スポーツ省 (庁) の設置，② 新スポーツ振興法の制定，③ スポー
ツ予算の拡充が提言された．

　政策案⑦〈教育再生会議「第3次報告」〉は，2007年3月，発表され，「スポー
ツ振興は国の責務であることを法的に明確にすべきである」とした．

　政策案⑧〈スポーツ立国調査会「「スポーツ立国」ニッポンを目指して」(中
間報告)〉は，2008年6月，発表され，内容は遠藤リポートとほぼ同一であった．

　政策案⑨〈スポーツ議員連盟「スポーツ基本法に関する論点整理」〉では，「法
律の名称を「スポーツ基本法」に改め，スポーツ振興法を全面改正する」こと
等の法律の骨格が示された．

　政策案⑩〈教育再生懇談会「第4次報告」〉は，2009年5月，発表され，①
スポーツ基本法の制定，② スポーツ庁の設置等が提言された．

　政策案⑪〈自民党・公明党スポーツ基本法案〉は，2009年7月，第174回国
会に提出された．この法案は衆議院解散により，審議未了で廃案になった．

　政策案⑫〈文部科学省「スポーツ立国戦略」〉は，2010年6月，策定された．
スポーツ立国戦略は，その後の民主党におけるスポーツ基本法案の検討に大き
な影響を与えた．

政策案⑬〈民主党スポーツ基本法案〉は，2011年３月，とりまとめられた．民主党案の特徴は，スポーツ権に関して「スポーツを通じて幸福で豊かな生活を営むことは全ての人々の権利である」ことが明記されたことである．

政策案⑭〈スポーツ基本法案〉は，2011年６月16日，国会で決定・正当化された．

形成期首の政策状況は，政策状況【政策案①～⑤】であった．形成期中に，上述の政策案⑥から政策案⑭が新たに追加された．これにより，形成期末の政策状況は，政策状況【政策案①～⑭】となった．なお，スポーツ庁設置に関しては，政策案⑭〈スポーツ基本法案〉の付則第２条に「スポーツ庁設置の必要性」が明記された．

〔６〕政治の流れ

形成期おいて，政治の窓②〈麻生内閣の発足〉が開いた．この政治の窓②が開いたことを契機に，政治③〈麻生内閣の存続〉が生成・展開され，政治の流れの中に湧き出た．この政治③は，開いた政治の窓②を通って，政策の流れに入り浮遊していた．以下政治③について説明する．

麻生内閣は，2008年９月24日から2009年９月16日まで続いた内閣である．教育再生会議を引き継いだ教育再生懇談会は当初，スポーツを議題としなかった．しかし，麻生内閣発足後，議題として扱うようになり，最終的に2009年５月の第４次報告において，① スポーツ基本法の制定，② スポーツ庁の設置等を提言した．

さらに形成期において，政治の窓③〈民主党内閣の発足〉が開いた．この政治の窓③が開いたことを契機に，政治④〈民主党内閣の存続〉が生成・展開され，政治の流れの中に湧き出た．この政治④は，開いた政治の窓③を通って，政策の流れに入り浮遊していた．

政治④の生成・展開を受けて，政治の流れの岸にいる参加者は，政治⑤〈民主党スポーツ議員連盟結成〉の生成・展開を行い，政治の流れに投げ込んだ．この政治⑤は，開いている政治の窓③を通って，政策の流れに入り浮遊してい

た．以下政治⑤について説明する．

　2009年8月末の衆議院総選挙により，民主党内閣が誕生することになり，スポーツ基本法案は新たな状況下で検討されることになった．2010年2月，鳩山内閣の川端達夫文科相は「スポーツ基本法案の検討を含め，スポーツ立国戦略を策定してまいります」と表明した．同年8月，これらの表明を受けて，文部科学省は「スポーツ立国戦略──スポーツコミュニティ・ニッポン」を策定した．

　形成期首の政治状況は，政治状況【政治①～②】であった．形成期中に，上述の政治③，政治④，政治⑤が新たに追加された．これにより，形成期末の政治状況は，政治状況【政治①～⑤】となった．なお，スポーツ庁設置に関しては，不十分な政治状況であった．

〔7〕3つの結び付き

　形成期末のアジェンダ，政策状況，政治状況および，それらの結び付きについて説明する．

　第1のアジェンダは，問題①〈2016東京五輪・パラリンピック招致〉，問題②〈トップアスリートの公的支援〉，問題③〈新スポーツ振興法の制定〉，問題④〈スポーツ省（庁）の設置〉の4つからなっていた．形成期に，問題③と問題④が新たに追加された．しかし，形成期末のアジェンダは，スポーツ設置を実現するために不可欠な問題④を含んではいたものの，スポーツ庁設置のアジェンダとしては未だ十分な内容を備えておらず，相互に関連もしていなかった．

　なお，形成期末のアジェンダを構成する4つの問題は，スポーツ基本法制定を実現するのに十分な内容を備えるとともに，相互に関連し統合された．

　第2の政策状況は，政策案①から政策案⑭の14からなっていた．形成期の最初に生成・特定化された政策案⑥〈懇談会「「スポーツ立国」ニッポン」〉は十分に融和されていた．また形成期に，政策案⑦〈教育再生会議「第3次報告」〉，⑧〈スポーツ立国調査会「「スポーツ立国」ニッポンを目指して」〉（中間報告），

⑨〈スポーツ議員連盟「スポーツ基本法に関する論点整理」〉，⑩〈教育再生懇談会「第４次報告」〉，⑪〈自民党・公明党スポーツ基本法案〉，⑫〈文部科学省の「スポーツ立国戦略」〉，⑬〈民主党スポーツ基本法案〉，⑭〈スポーツ基本法案〉が新たに追加された．しかし，形成期末の政策状況を構成する14の政策案は，相互に関連していたものの，スポーツ庁設置を実現するのに未だ十分な内容を備えていなかった．

なお，形成期末の政策状況を構成する14の政策案は，スポーツ基本法制定を実現するのに十分な内容を備えるとともに，相互に関連し統合された．

第３の政治状況は，政治①から政治⑤の５つからなっていた．準備期に生成・展開された政治①〈スポーツ議員連盟結成〉，政治②〈スポーツ政策形成の文部科学省の行政官僚主導からスポーツ議員連盟等の政治優位・政治主導への変化〉，形成期に新たに生成・展開された政治③〈麻生内閣の存続〉，政治④〈民主党内閣の存続〉，政治⑤〈民主党スポーツ議員連盟結成〉は，いずれもスポーツ基本法制定に大きな影響を及ぼした．しかし，形成期末の政治状況を構成する５つの政治は，相互に関連していたものの，スポーツ庁設置を実現するのに未だ十分な内容を備えていなかった．

なお，形成期末の政治状況を構成する５つの政治は，スポーツ基本法制定を実現するのに十分な内容を備えるとともに，相互に関連し統合された．

以上のように，形成期末に政策の流れに浮遊していたアジェンダ【問題①〜④】，政策状況【政策案①〜⑭】，政治状況【政治①〜⑤】は，いずれもスポーツ庁設置を実現するのには不十分な内容であった．このため，形成期末のアジェンダ・政策状況・政治状況は相互に結び付いているが，部分的なパッケージしか構成されず，政策（スポーツ庁設置）は決定・正当化されなかった．

なお，形成期末に政策の流れに浮遊していたアジェンダ【問題①〜④】，政策状況【政策案①〜⑭】，政治状況【政治①〜⑤】は，スポーツ基本法制定に十分な内容を備えていた．このため，形成期末のアジェンダ・政策状況・政治状況は相互に結び付いており，完全なパッケージが構成され，政策（スポーツ基本法制定）は決定・正当化された．

注

1 ）遠藤（2014），pp. 53-56.

2 ）*ibid.*, pp. 56-57.

3 ）*ibid.*, pp. 58-59.

4 ）*ibid.*, pp. 59-62.

5 ）*ibid.*, pp. 63-67.

6 ）*ibid.*, pp. 67-68.

7 ）*ibid.*, p. 72, 自民党スポーツ立国調査会（2008），pp. 3 - 6 .

8 ）後藤（2011），p. 50, 吉田（2011），p. 5 ，澤田（2011），p. 4 .

9 ）福田内閣官房教育再生会議（2007），p. 2, p. 9 .

10）福田内閣官房教育再生会議（2009），p. 3 ，pp. 14-16.

11）遠藤（2014），p. 71.

12）*ibid.*, p. 66.

13）*ibid.*, pp. 72-74.

14）後藤（2011），pp. 50-51.

15）*ibid.*, p. 51.

16）スポーツ法学会編（2011），p. 5 .

17）WG はワーキンググループを指している（以下同様）.

18）スポーツ法学会編（2011），p. 6 .

19）*ibid.*

20）遠藤（2014），pp. 74-76.

21）*ibid.*

22）笹川スポーツ財団 Web（http://www.ssf.or.jp）.

23）*ibid.*

24）*ibid.*

25）*ibid.*

26）*ibid.*

27）*ibid.*

28）*ibid.*

29）『東京新聞』（2009年 2 月28日朝刊）.

30）『毎日新聞』（2009年 3 月17日朝刊）.

31）河野（2020），pp. 14-16.

32）笹川スポーツ財団 Web（http://www.ssf.or.jp）.

33）*ibid.*

34) *ibid.*

35) *ibid.*

36) 河野（2020），p. 13.

37) *ibid.*, p. 14.

38) 遠藤（2014），pp. 126–127.

39) 『スポニチアネックス』（2010年3月4日）.

40) 後藤（2011），p. 51.

41) 芦立・笠原・鈴木・境田（2015），p. 26.

42) 後藤（2011），pp. 51–52.

43) 文部科学省（2010），pp. 19–20.

44) 『日本経済新聞』（2010年9月3日朝刊）.

45) 後藤（2011），p. 51.

46) 日本スポーツ法学会編（2011），p. 7.

47) *ibid.*

48) *ibid.*

49) *ibid.*

50) *ibid.*, pp. 7-8.

51) *ibid.*, p. 8.

52) *ibid.*

53) *ibid.*

54) *ibid.*

55) *ibid.*

56) *ibid.*, pp. 8-9.

57) *ibid.*, p. 9.

58) *ibid.*

59) *ibid.*

60) *ibid.*

61) *ibid.*, p. 9.

62) *ibid.*

63) *ibid.*

64) 遠藤（2014），pp. 79–80.

65) 河野一郎は，①遠藤議員が設置した「スポーツ振興に関する懇談会」，②自民党スポーツ立国調査会のアドバイザリーボード，③スポーツ議員連盟の有識者会議，それぞれのメンバーであった.

66）河野一郎への著者による聴き取り調査（2022年10月5日）.「遠藤さんは, スポーツに関する法律, 政治活動のなかでは功労者であり, 本当のキーマンです」, 松浪健四郎への著者による聴き取り調査（2022年9月6日）.

67）遠藤（2014）, pp. 58–59.

68）*ibid.,* p. 61.

69）*ibid.,* pp. 59–60.

第6章

実現期（「スポーツ基本法案」成立後から「スポーツ庁設置法案」成立まで　2011年6月〜2015年5月）の事例とその分析

1　スポーツ庁設置の政策案

　表6-1は，準備期から実現期の最初までに生成・特定化されたスポーツ庁設置に関する9つの政策案を示している．以下9つの政策案を説明する．

　スポーツ庁設置に関しては，既に述べたように，1987年8月，発表された中曽根康弘首相の諮問機関であった臨時教育審議会の答申で初めて「スポーツ省庁」という言葉が出現した[1]．その翌年の1988年3月，竹下登首相の要請により「スポーツ振興に関する懇談会」は，スポーツ庁の設置に関する報告書のなかで次のように明記した．「中央のスポーツ行政組織については，当面，文部省の担当部局の強化充実を図り，将来は，行政改革の動向も勘案し，スポーツ省の設置を目指すべきである」．これがスポーツ庁設置に関する最初の議論であった．しかし，その後，約20年間，スポーツ庁設置に関して議論されることはなかった[2]．

　2007年8月，遠藤利明文科副大臣の私的諮問会議である「スポーツ振興に関する懇談会」は，「「スポーツ立国」ニッポン——国家戦略としてのトップスポーツ」を提言した．そのなかで「「スポーツ省（庁）」を設置し，「スポーツ担当大臣」を配置する．国家がスポーツに対して最終的な責任をもつことを明確にし，現在，複数の省庁が行っているスポーツ行政を統合して一元化する」と提言した[3]．

　12月，教育再生会議の第3次報告書において，スポーツ庁によってどのようなスポーツ振興が行われるべきか，また一元的な行政組織の在り方等の検討に関する報告がなされた．そこでは，スポーツ振興は，国の責務であることを明確にすることが提言された[4]．

表 6-1　スポーツ庁設置に関する政策案

年	月	政策案の経緯	政策案の内容
1988	3月	「スポーツ振興に関する懇談会」の報告書が，スポーツ省の設置を目指すことを提言	・中央のスポーツ行政組織については，当面文部省の担当部局の強化充実を図り，将来は行政改革の動向を勘案し，スポーツ省の設置を目指すべきである．
2007	8月	スポーツ振興に関する懇談会の報告書である「「スポーツ立国」ニッポン──国家戦略としてのトップスポーツ」が，新スポーツ振興法の制定を提言	・「スポーツ省（庁）」を設置し，「スポーツ担当大臣」を配置する．国家がスポーツに対して最終的な責任をもつことを明確にし，現在複数の省庁が行っているスポーツ行政を統合して一元化する． ・日本のスポーツ界全体を統括し，スポーツ振興の施策・事業を執行する機能を有する組織として，「日本スポーツコミッション（仮）」を設立する．この組織は，わが国のスポーツ振興の施策・事業の執行に対する全責任をもち，その結果に対する評価を受ける． ・わが国のスポーツ政策・施策の立案並び遂行を支える情報機関として，「スポーツ情報戦略局（仮称）」（独立行政法人）を設立する．スポーツ情報戦略局（仮称）を頂点として，各関係機関に情報戦略セクション及び情報戦略スタッフを設置・配置し，「情報戦略コミュニティー」を確立する．
	12月	教育再生会議「第3次報告」が，スポーツ振興に関する国の責務の明確化等を提言	・体育専科教員や学校給食を通じた食育により体力向上を図り，スポーツ庁等によりスポーツを振興する． ・スポーツを振興するため，たとえばスポーツ庁等一元的な行政組織の在り方の検討を行う．スポーツ振興は国の責務であることを法的に明確にする．
2008	6月	自民党スポーツ立国調査会が，わが国における国家戦略としてのスポーツの在り方及び戦略を提言	・国家戦略としてのスポーツ振興政策を展開するため，スポーツ関連行政を一元的に推進できる体制を整備する．このため今後，「スポーツ省（庁）」の設置に取り組むとともに，スポーツ振興体制の整備と関係組織の拡充・強化を図る．
2009	5月	教育再生懇談会「第4次報告」が，スポーツに関する基本法の制定を提言	・新たなスポーツ振興基本計画の策定やその着実な推進のため，新たにスポーツ庁を設置する等，国のスポーツ振興行政体制を強化する．
		スポーツ議員連盟が新スポーツ振興法制定PTの「スポーツ基本法に関する論点整理」を了承	・一体的・効果的にスポーツに関する施策を推進するために，国の関連行政機関が連携するしくみを検討する．
2010	8月	文部科学省「スポーツ立国戦略」が，スポーツ基本法の整備を提	・現場の視点に立った総合的なスポーツ振興施策を実行するため，関係省庁が相互連携する連絡会議

第6章 実現期（「スポーツ基本法案」成立後から「スポーツ庁設置法案」成立まで 2011年6月～2015年5月）の事例とその分析　　105

		言	・を新設する. ・政府の行政組織の検討のなかで,「スポーツ庁」等の在り方について検討する.
2011	6月	スポーツ基本法案（成立）	・政府は, スポーツに関する施策を総合的に推進するため, スポーツ庁及びスポーツに関する審議会の設置等行政組織の在り方について, 政府の行政改革の基本方針との整合性に配慮して検討を加え, その結果に基づき必要な措置を講じることとする.
2012	3月	スポーツ基本計画策定	・スポーツに関する施策を総合的に推進するため, スポーツ庁及びスポーツに関する審議会の設置等行政組織の在り方について, 政府の行政改革の基本方針との整合性に配慮して検討を加え, その結果に基づき必要な措置を講ずることとする.

出所：文部科学省（2014），pp. 41-42.

　2008年6月，自民党スポーツ立国調査会が，スポーツ振興政策を展開するための体制整備のため，「スポーツ省（庁）」の設置に取り組むとともに，スポーツ推進体制の整備と関係組織の拡大・強化を図ることとした[5].

　2009年5月，教育再生会議の第4次報告書において，新たなスポーツ振興基本計画の策定や推進ための新たなスポーツ庁設置が提言された[6].

　同月，スポーツ議員連盟が，新スポーツ振興法制定PTがまとめた「スポーツ基本法に関する論点整理」を了承した．そのなかで，スポーツ庁設置が提示された[7].

　2010年8月，文部科学省がまとめた「スポーツ立国戦略──スポーツコミュニティ・ニッポン」において，スポーツ立国戦略実現のための国の体制整備と今後の進め方として，① スポーツ振興財源の効率的な活用，② 国の総合的なスポーツ行政推進のための組織の在り方，③ スポーツ基本法等の関連法制の整備に関して提言がなされた[8].

　2011年6月，「スポーツ基本法案」が成立した．その付則2条において「政府は，スポーツに関する施策を総合的に推進するため，スポーツ庁及びスポーツに関する審議会等の設置等行政組織の在り方について，政府の行政改革の基本方針との整合性に配慮して検討を加え，その結果に基づいて必要な措置を講

106

ずるものとする」と規定された。[9]

2012年3月，スポーツ基本法にもとづいてスポーツ基本計画が策定された。スポーツ庁設置に関しては，「スポーツ基本法」の付則第2条と同じ内容であった。[10]

2　第1期スポーツ基本計画策定

2011年6月，スポーツ基本法が公布された。2012年3月，このスポーツ基本法にもとづき，文部科学省は，スポーツに関する施策の総合的かつ計画的な推進を図るための第1期スポーツ基本計画を策定した。したがって，スポーツ基本計画は，スポーツ基本法の理念を具体化し，今後の日本のスポーツ政策の具体的な方向性を示すものである。国，地方公共団体，スポーツ団体等の関係者が，一体となって施策を推進していくための重要な指針である。[11]

第1期スポーツ基本計画の期間は，総合的で包括的な計画とするという観点から，10年間程度を見通したものとなっている。社会やスポーツ界の変化の早さに適切に対応し，期間経過後における施策の評価を改善サイクルに結び付ける。このため，概ね5年間に総合的かつ計画的に取り組む施策を体系化した。[12]

今後概ね10年間のスポーツ施策に関しては，文部科学省は，2010年8月，「スポーツ立国戦略」を策定していた。そこでは，次の5つを重点戦略として位置付けている。すなわち，「新たなスポーツ文化」の確立を目指し，「人（する人，観る人，支える（育てる）人）の重視」と「連携・協働の推進」を基本的な考え方とした。そして，①ライフステージに応じたスポーツ機会の創造，②世界で競い合うトップアスリートの育成・強化，③スポーツ界の連携・協働による「好循環」の創出，④スポーツ界における透明性や公平・公正性の向上，⑤社会全体でスポーツを支える基盤整備である。「スポーツ立国戦略」の内容で引き続き有効なものは，スポーツ基本計画の策定にあたり必要に応じて取り入れられている。[13]

スポーツ基本法では，地方公共団体は，スポーツ基本計画を考慮して，その地方の実状に即したスポーツ推進に関する計画を定めるよう努めることとされ

第6章　実現期(「スポーツ基本法案」成立後から「スポーツ庁設置法案」成立まで　2011年6月〜2015年5月)の事例とその分析　　107

た．スポーツ基本計画が，地方公共団体の計画策定の指針となるよう，国と地方公共団体が果たすべき役割に留意して策定されている[14]．

　上述のように，このスポーツ基本計画の第4章（2）の後段には，スポーツ基本法付則第2条と同じ内容，すなわち，「さらに，スポーツに関する施策を総合的に推進するため，スポーツ庁及びスポーツに関する審議会の設置等行政組織の在り方について，政府の行政改革の基本的方針との整合性に配慮して検討を加え，その結果に基づき必要な措置を講じることとする」が明記された[15]．

3　文部科学省「スポーツ庁の在り方に関する調査研究事業」

　2011年9月16日，民主党鳩山内閣の中川正春文科相が，スポーツ庁創設に向けて検討を開始することを明言した[16]．文部科学省は，この時点でスポーツ庁設置に舵を切ったといえる．

　10月30日，文部科学省は，2012年度予算の概算要求を発表した．スポーツ関連予算は236億円であり，スポーツ庁の調査費として1700万円が盛り込まれていた[17]．

　2012年4月，文部科学省は「スポーツ庁の在り方に関する調査研究事業」を開始した[18]．この調査研究事業は2013年度も継続された[19]．

　調査研究事業の目的は，スポーツ基本法付則第2条で定められている「スポーツ庁及びスポーツに関する審議等の設置等行政組織の在り方について」の検討に資することであった．まず2012年度の調査研究事業では，諸外国における省庁間の連携等に関する事例が検討された．次の2013年度の調査研究事業では，前年度の検討結果にもとづいて，①スポーツ庁の設置の検討に関するこれまでの経緯と今後の日本のスポーツ推進体制の在り方，②スポーツ庁の課題と論点がまとめられた[20]．

　2014年3月，2013年度の報告書「スポーツ庁の在り方に関する調査研究事業」が発表された．以下報告書の内容にもとづいて，調査研究事業の内容を示す[21]．

表6-2　ヒアリング調査先：独立行政法人とスポーツ団体

公益社団法人	スポーツ健康産業団体連合会
公益財団法人	日本中学校体育連盟
公益財団法人	全国高等学校体育連盟
公益財団法人	日本障害者スポーツ協会
公益財団法人	日本体育協会
公益財団法人	JOC
独立行政法人	JSC

出所：文部科学省（2014），p. 2.

表6-3　ヒアリング調査先：地方自治体

大阪府	教育委員会事務局教育振興室保健体育課
大阪府	府民文化部都市魅力創造局生涯スポーツ振興課
大阪市	経済戦略局スポーツ部スポーツ課
名古屋市	教育委員会生涯学習部スポーツ振興課
愛知県	教育委員会体育スポーツ課
東京都	スポーツ振興局スポーツ事業部調整課，スポーツ振興局総務部総務課
北海道	環境生活部くらし安全文化・スポーツ課
札幌市	観光文化局スポーツ部企画事業課

出所：文部科学省（2014），p. 2.

１）日本のスポーツ推進体制

　本事業で実施された調査研究の内容は，①日本における現在のスポーツ関係府省庁およびその役割・機能，②スポーツ関係省庁と独立行政法人・スポーツ団体との関係，③①，②が形成された背景（歴史的事象とその背景），④スポーツ庁の設置に係る議論の経緯であった[22].

　調査方法としては，日本におけるスポーツ政策，スポーツ行政等の現状を明らかにすることを目的とした文献調査，独立行政法人・スポーツ団体・地方自治体・民間事業者等の実務家や学識経験者等に対するヒアリング調査・意見交換が行われ，文献調査の情報についての検証・整理が行われた．表6-2と表6-3はヒアリング調査先，図6-1はヒアリング調査項目を示している[23].

第6章 実現期(「スポーツ基本法案」成立後から「スポーツ庁設置法案」成立まで 2011年6月～2015年5月)の事例とその分析　　109

【スポーツ政策に係る中央省庁と独立行政法人・スポーツ団体（中央統括団体・国内競技連盟）との施策推進上の問題について】
○各主体間の役割分担に関して
○各主体間の連携に関して
【スポーツ政策に係る中央省庁と地方行政における施策推進上の課題について】
○スポーツ施策の目的を達成するための地方行政の総合的な実施体制に関して
○中央省庁と地方自治体の施策推進上の役割分担に関して
○スポーツ推進に係る地方自治体間の連携・協力に関して
【スポーツ施策の推進における，スポーツ団体以外の民間企業・NPO 等との施策推進上の役割分担と連携・協力関係に関する現状と課題について】
○官民が連携・協力しやすい制度整備に関して
○資金・人材・施設等の面での協力・連携関係に関して

図6-1　ヒアリング調査項目

出所：文部科学省（2014），p. 3.

２）諸外国のスポーツ推進体制

　諸外国のスポーツ推進体制に関して，① 現在のスポーツ関係府省庁およびその役割・機能，② スポーツ関係府省庁と独立行政法人・スポーツ団体との関係，③①,②が形成された背景について調査研究が実施された．調査対象は，イギリス，フランス，オーストラリア，カナダ，インド，韓国の6ヶ国であり，スポーツ庁の議論に参考となる内容について整理された[24]．

３）スポーツ庁の設置に関する論点整理

　スポーツ庁の設置に関する検討に資するため，省の外局の形で近年設置された観光庁と消費者庁の事例研究が行われ，スポーツ庁の設置に関する論点整理が行われた[25]．

４）有識者検討会議による「我が国の今後のスポーツ推進体制の在り方」の
　　検討

　表6-4に示す4名の委員からなる有識者検討会議が，表6-5に示すように5回にわたり開催された．有識者検討会議においては，まず，「1）我が国のスポーツ推進体制」，「2）諸外国のスポーツ推進体制」，「3）スポーツ庁の設

表6-4 有識者検討会議委員

伊藤　正次	首都大学東京大学院社会科学研究科教授
中村　祐司（座長）	宇都宮大学国際学部・大学院国際学研究科教授
間野　義之	早稲田大学スポーツ科学学術院教授
山本　隆司	東京大学法学部教授

出所：文部科学省（2014），p. 4 .

表6-5 有識者検討会議の開催実績

開催	実施時期	検討テーマ
第1回	2013年8月7日	1．調査研究の概要 2．調査研究の進め方，スケジュールについて 3．我が国及び諸外国のスポーツ推進体制 4．ヒアリング調査について 5．フリーディスカッション（本件に係る問題意識について）
第2回	2013年9月25日	1．わが国のスポーツ推進体制（現状と課題） 2．諸外国のスポーツ推進体制 3．わが国の今後のスポーツ推進体制の在り方に関する論点・検討事項
第3回	2013年11月25日	1．我が国のスポーツ推進体制（現状と課題） 2．我が国の今後のスポーツ推進体制の在り方
第4回	2013年12月25日	1．庁設置等に係る行政組織法上の考え方の整理等 2．中央省庁におけるスポーツ推進体制の整理 3．我が国の今後のスポーツ推進体制に係る課題抽出及び論点整理
第5回	2014年2月24日	1．報告書（案）について 2．我が国の今後のスポーツ推進体制の在り方の検討について

出所：文部科学省（2014），pp. 4 - 5 .

置に関する論点整理」における調査結果が提示された．次に，「① スポーツ推進体制として考えられる選択肢」および「② スポーツ関係行政組織に係る選択肢」が提示され，それぞれの案について検討が加えられた[26]．

　検討の結果，スポーツ庁設置に関して，（1）内閣府集約型，（2）内閣府連結型，（3）文部科学省集約型，（4）文部科学省連携型の4つのパターンが提示された[27]（図6-2）．

　これら4つのパターンのうち，（4）文部科学省連携型は，2015年5月に国会で成立したスポーツ庁設置法案に最も近いパターンであった．その概要は次

のとおりであった.

「（4）文部科学省連携型は，現行の文部科学省スポーツ・青少年局内のスポーツ関連の業務を所掌する組織を基本として，スポーツ庁に発展させるパターンである．なお，現在，文部科学省スポーツ・青少年局が所掌している学校体育は，スポーツ庁の所掌事務になると仮定する[28].

この場合，各省庁が現在所掌するスポーツ関連業務は，基本的には各省庁が引き続き所掌することになる．そのため，スポーツ庁は，スポーツ関連業務を所掌する他省庁や文部部科学省の他部局との連携を強化することが求められる．複数の省庁で協力・連携して行う必要があるスポーツ関連業務については，各省庁が提携・協力して実施できるように，文部科学省とスポーツ庁が調整する機能を持つ．なお，現行の文部科学省スポーツ・青少年局の課のうちスポーツ関連業務を所掌しない課は，文部科学省の内部部局に移管されるものと想定する」[29].

表6-6は，4つのパターンの特徴，メリット，課題・論点をまとめたものである．

4 2020東京五輪・パラリンピック決定

五輪招致は，スポーツ基本法制定やスポーツ庁設置等の現代日本のスポーツ政策を進めるうえで効果的な手段として考えられてきた．

2009年10月，2016東京五輪・パラリンピック招致は失敗に終わった．上述のように，その際の招致活動は，開催地である東京都の動きがちぐはぐであり，国会の中でも決議に3ヶ月を要するというように，意思が統一されていなかった．また，東京都とJOCとの連携もとれておらず，東京都と国もまとまっていなかった[30].この2016東京五輪・パラリンピック招致失敗の結果を受けて，当時の石原慎太郎都知事は，二度目の挑戦になる2020東京五輪・パラリンピックの招致活動は行わないと宣言した[31].

この当時，2020年の大会に東京が再び手を挙げるかは不確定要素が多かった．こうしたなか，2020東京五輪・パラリンピック招致活動は，第一に，スポーツ

(1) 内閣府集約型

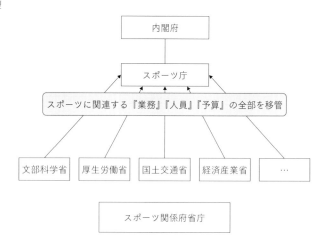

(2) 内閣府連携型

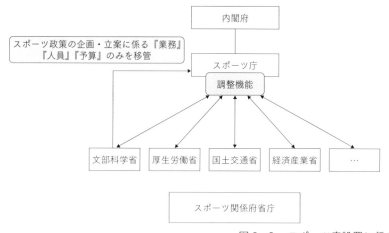

図6-2　スポーツ庁設置に係る

出所：文部科学省（2014），p. 77.

基本法の制定，第二に，日本スポーツ振興センター（以下，JSC）の河野一郎らの準備活動，第三に，石原東京都知事の連続挑戦への意思表示の3つにより開始された[32]．

第1のスポーツ基本法は，2016東京五輪・パラリンピック招致活動の際には

(3) 文部科学省集約型

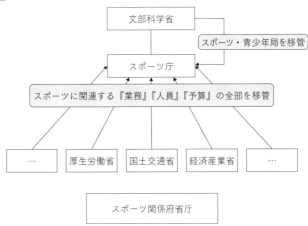

(4) 文部科学省連携型

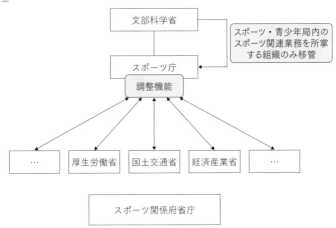

4つのパターン（イメージ）

存在していなかった．このため，IOC評価委員会の質問である「根拠となるスポーツ関連法があるのか」への適確な回答が困難であった．他方，2020東京五輪・パラリンピックの招致活動の場合，スポーツ基本法の存在が大きな役割を果たした．この法律が根拠となり，①日本政府による財政保障の確約，②

表 6-6　スポーツ庁設置に係る 4 つのパターンについての総括表（比較検討）

理念型	特徴	メリット	課題・論点
内閣府集約型	スポーツ関連業務を内閣府に集約	・一体的なスポーツ政策の企画立案実施体制が内閣で整備されることの新規性 ・スポーツ政策の重要性に係る認識の共有化 ・スポーツ政策全体の企画立案機能の強化	・「内閣総理大臣が担当するにふさわしい事務」とする根拠（特に，内閣府肥大化論との関係） ・各省庁が所掌する業務を内閣府に移管する根拠と線引き ・学校体育の所管 ・地方自治体（特に教育委員会）との連携（現場との距離感）
内閣府連携型	スポーツ庁の機能は総合調整，スポーツ関連業務は，各省庁がそのまま担当	・スポーツ政策の重要性に係る認識の共有化 ・スポーツ政策全体の企画立案機能の強化	・「内閣総理大臣が担当するにふさわしい事務」とする根拠（特に，内閣府肥大化論との関係） ・分担管理事務と総合調整事務とを分離することによる非効率性 ・総合調整事務のみしか所掌しないスポーツ庁の規模 ・地方自治体（特に教育委員会）との連携（現場との距離憾）
文部科学省集約型	スポーツ関連業務を文部科学省に集約（一元化）	・一体的なスポーツ政策の企画立案実施体制が整備 ・学校体育行政とスポーツ行政を一体的に推進することが可能 ・地方自治体（特に教育委員会）との連携が容易	・各省庁が所掌する業務を文部科学省に移管する根拠と線引き ・スポーツ・青少年局の業務のうち，スポーツ関連でない業務の所掌の在り方
文部科学省連携型	現行のスポーツ・青少年局のスポーツ関連業務を所掌する組織がスポーツ庁に発展	・所掌事務面で現行の体制との差が少なく，省庁間調整が容易 ・学校体育行政とスポーツ行政を一体的に推進することが可能 ・地方自治体（特に教育委員会）との連携が容易	・スポーツ・青少年局の業務のうち，スポーツ関連でない業務の所掌の在り方 ・スポーツ庁創設によるスポーツ行政の新規性 ・各省庁との連携施策の在り方

出所：文部科学省（2014），p. 93.

第6章 実現期(「スポーツ基本法案」成立後から「スポーツ庁設置法案」成立まで 2011年6月～2015年5月)の事例とその分析 115

議員の支援，③ 在外公館からの協力等が容易に得られたからである[33]．

　第2の日本スポーツ振興センターの河野一郎らは，2016年の招致活動の反省点を整理し，2020東京五輪・パラリンピックの招致に向けて動き始めた．まず，IOC委員に分かりやすいオリンピック・ムーブメントの普及活動への取り組みに関しては，多くの国には存在する「IOC公認のオリンピック研究センター」の日本への誘致を試みた．河野一郎は，IOC幹部に対して，「2016年は成功しなかったが，そのレガシーとしてIOC公認のオリンピック研究センターを日本に設置してほしい．敗れた都市にレガシーを残さなくてよいとは思わない」と直談判した．2010年12月，ロゲIOC会長は，筑波大学への「IOC公認の研究センター」の設置を許可した．

　国際貢献のアピール不足に関しては，日本アンチ・ドーピング機構（JADA）の実績を示す試みがなされた．世界アンチ・ドーピング機構（WADA）のアスリート委員会に田辺陽子，鈴木大地，室伏広治が委員として参加し，その活動は高く評価されていたからである．その後，2012年2月，WADAのアスリート委員会が日本で開催され，日本人が活躍する機会がつくられた．この開催は，後の2020年東京五輪・パラリンピック招致活動に大きな影響を与えた．2016東京五輪・パラリンピック招致失敗の反省にもとづく課題は1つ1つクリアされていった[34]．

　第3の石原東京都知事による連続挑戦への意思表示は，東日本大震災後に行われた．2011年3月11日，東日本大震災が発生した．震災当時，2020東京五輪・パラリンピックへの東京都の立候補への支持率はかなり低く，政治家の中では消極的な意見が一般的であった．こうしたなか，6月27日，石原慎太郎都知事は大会招致の決断を表明した[35]．

　2020五輪・パラリンピック招致の要望書を受け取った石原都知事は，この時のことを次のように述べている．

　　「私は，心中たいまつの火は消すまいと決めていますが，目標をもってみんなで肩を組んでやらなければいけないので，是非，みんなに東京招致

を考えてほしい」と答えました．そして，「国難に近い災害に見舞われて，この辺りで日本人が精神的にも立ち上げらなければいけないと私は念じています（中略）」と話し，会場に集まった選手たちを激励しました[36]．

7月，日本のスポーツ100年の記念式典が開催された．この式典には，ロゲIOC会長が出席し，嘉納治五郎記念国際スポーツ研究・交流センターを見学した．この嘉納治五郎センターの考え方は，この後の招致活動に大きな役割を果たした[37]．

2012年8月，招致活動の一つの山場であるロンドン五輪・パラリンピック大会が開催された．日本では初めての試みであるサポートハウスの設置が行われた．サポートハウスは，IOC委員と会う機会を提供し，貴重なネットワークづくりと信頼関係を結ぶ場となった．大会期間中に，①日本スポーツ振興センター（JSC）日本人スタッフの国連開発と平和のためのスポーツ局（UNOSDP）への派遣，②2014年11月のユースリーダーシップキャンプの東京開催がそれぞれ決定された．これにより，日本による積極的なスポーツを通じた国際貢献が示された[38]．

12月，自民党が政権に返り咲いた．その際，安倍晋三首相は，東京五輪・パラリンピック招致とスポーツ庁創設を指示した．他方，麻生太郎元首相が，2020五輪・パラリンピック日本招致議員連盟の会長に就任した[39]．

2013年4月，文部科学省は，2020東京五輪・パラリンピック招致のために，日本スポーツ振興センター（JSC）のセンター法を改正した．主な目的は，JSCの業務として，①ドーピング防止活動に取り組むこと，②インテグリティユニットを設置することであった．このセンター法の改正で，個人情報を扱うインテリジェント活動に取り組むことができるようになり，IOC総会での日本に対するドーピング体制の批判的な質問を抑えることが可能になった．また，2013年6月には，欧州評議会（Council of Europe）の「スポーツの結果操作に対する国際条約」起草条約会議への日本の参加につながった[40]．

4月，馳浩議員は，JSCとJADAの国際戦略の一環として，IOCのスポー

表6-7　2020年大会招致における投票結果

投票	第1回	第1回決勝戦	第3回
イスタンブール	26	49	36
東京	42		60
マドリード	26	45	
総計	94	94	96

出所：河野（2020），p. 13.

ツ・フォー・オール会議で招致活動を行った[41]．

　5月，遠藤利明議員と馳浩議員は，スポーツアコード国際会議において招致活動を試みた[42]．

　6月，WADAとJADAが共同宣言に調印した．これを受けて，JSCは，ドーピング防止活動に取り組んでいることを訴えた[43]．

　7月，ローザンヌでIOCによるテクニカルブリーフィングが開催された．立候補都市のイスタンブール，マドリード，東京のプレゼンテーションが行われた[44]．その際，麻生太郎財務相は，日本政府による財政保障の確約をIOC委員に直接訴えた[45]．

　8月，下村博文文科相は，世界陸上選手権等で招致活動を展開した[46]．

　9月，東京都は，リオデジャネイロで開催されたIOC総会でプレゼンテーションを行った．三笠宮彬子，高円宮寛仁，安倍晋三首相，岸田文雄外相，下村博文文科相，森喜朗元首相，遠藤利明議員，馳浩議員，橋本聖子議員等の国会議員も現地に赴き，招致活動を行った[47]．

　IOC総会での投票結果は，表6-7に示すように，第1回の投票では，東京都が42票でトップであり，イスタンブールとマドリードが26票の同数となり，最終的にイスタンブールが残った．第3回の投票では，東京都が60票，イスタンブールが36票であり，東京都が過半数を獲得したことにより，2020年五輪・パラリンピック大会の開催権を得た[48]．

5 安倍首相による「スポーツ庁設置の検討」指示

2012年10月，自民党は，第46回衆議院選挙の公約で「スポーツ庁・スポーツ大臣の新設」をうたった[49]．12月，第2次安倍自民党内閣が発足した．内閣発足直後に，安倍首相は，下村博文文科相に「スポーツ庁設置の検討」を指示した．

上述のように，2013年9月8日，2020年東京五輪・パラリンピックの開催が決まった．翌9日，政府は次のような見解を発表した．

> 2020年東京オリンピック・パラリンピック開催が決定したこともあり，スポーツ政策を一体的に推進するにはどのような行政組織が最適か検討する必要がある[50]．

9月8日の数日後，下村文科相がオリンピック担当相を兼務することが決まった[51]．10月には，内閣官房に「2020年オリンピック・パラリンピック東京大会推進室」が設置された[52]．他方，10月23日，超党派のスポーツ議員連盟の会合で「スポーツ庁の創設」が議論された[53]．

2014年4月3日の参議院文教科学委員会において，下村文科相は議員の質問に次のように答えた．

> 現在，スポーツに関する施策の実施主体は，文部科学省だけでなく，スポーツを通じた国際交流の観点から外務省，スポーツを通じた健康・医療・福祉の観点から厚生労働省，そしてスポーツ産業の観点からも経済産業省，さらに都市公園・スポーツツーリズムの観点から国土交通省と，多岐にわたっております．このため，ご指摘がありましたが，スポーツ基本法においても，スポーツに関する施策を総合的に推進するため，スポーツ庁等の行政組織の在り方について，行政改革の基本方針との整合性に配慮して検討を行ったうえで必要な措置を講ずる旨が規定されました．これに沿って，私も大臣就任の時に安倍総理から，スポーツ庁の設置について検討し，そして，それを立ち上げるようにという指示を頂いたところでございます．

第6章 実現期(「スポーツ基本法案」成立後から「スポーツ庁設置法案」成立まで 2011年6月～2015年5月)の事例とその分析　119

　　スポーツ庁の設置の検討については，ご指摘ありましたが，現在，スポー
　ツ議員連盟にプロジェクトチームが設けられております．これまでに9回
　開催され，関係省庁のスポーツ施策の所掌の在り方などを議論しました．
　昨日も，ソチオリンピック・パラリンピックの総括や，今後の強化支援策
　に関してスポーツ庁に期待することなどを議論したと聞いております．ま
　た文科省では，櫻田（義孝）副大臣の下に設置したタスクフォースにおい
　て，スポーツ議員連盟における議論を踏まえながら，組織の在り方など実
　務的な検討を進めております．私も，定期的に櫻田副大臣から報告を受け，
　その都度，検討の方向性について指示を出しております．
　　私としても，スポーツ庁をできる限り早期に設置したいと考えており，
　スポーツ議員連盟とも連携してまいりたいと思います．基本的に，文部科
　学省の中にあるスポーツ・青少年局を外局にするということでしたら，こ
　れはそんな難しい話ではないんです．先ほど申しあげましたように，やっ
　ぱり外務省，厚生労働省，それから経産省，国交省と多岐にわたっており
　ます．それを一本化してやるということについては，これは相当力技が必
　要です．政府全体で取り組む必要がある．これは他省庁が簡単に引き離す
　ということについて了解するような事項ではありません．文科省だけで解
　決できる話ではないと思っております．総理と相談しながら政府として
　しっかり取り組む体制をつくっていく必要があると考えております[54]．

　6月27日，安倍首相は，スポーツ庁の早期設置に意欲を示した．スポーツ議
員連盟のスポーツ庁創設PTの遠藤利明座長が秋の臨時国会での設置法案の提
出，来春の設置を提言した際，安倍首相は「勢いのある時にやった方がいい．
せっかくなので各省庁のスポーツに関係する部門を一体化した方がいい」と述
べた[55]．
　2015年3月13日，安倍首相は，バッハIOC会長に対して「専任の五輪担当
相とスポーツ庁を設置し，五輪に備えたい」と説明を行った[56]．
　後述のように，5月13日，「スポーツ庁設置法案」が国会で成立した．

以上の出来事からも明らかなように，安倍首相は，スポーツ庁の設置を積極的に推進した．

6　スポーツ議員連盟のスポーツ庁創設 PT の提言

　上述のように，2011年6月，スポーツ基本法が成立し，2013年9月7日，2020東京五輪・パラリンピックの開催が決まった．これを受けて，スポーツ庁設置に向けたムードが一気に高まった．

　10月22日，スポーツ議員連盟は，「今後のスポーツ政策の在り方検討とスポーツ庁創設に向けたプロジェクトチーム」（以下「スポーツ庁創設PT」と略記することがある）の設置を了承した．座長には，遠藤議員が任命された．

　10月29日，スポーツ庁創設PT は，第1回会議を開き，以降，月2回程度開催されることになった．あわせて，12月，PT の下に設けられた有識者会議もスタートした．有識者会議は，月に1回程度で行われた[57]．遠藤は，スポーツ庁設置法案の予定に関して次のように考えていた．

　　　目標としては，2014年5月中にはプロジェクトチームとしてスポーツ庁
　　　創設のとりまとめをして，文部科学省でそれに基づいて法律の作業をして
　　　もらう．設置法という法律をつくらないといけないから，そのためには，
　　　いろんな人事，予算を各省庁と打ち合わせてもらって，2014年秋の臨時国
　　　会にはこの法案を提出したい．遅くても，2015年の4月にはスポーツ庁を
　　　スタートさせたいのだ[58]．

　第1回会合の冒頭で，遠藤は，スポーツ庁創設 PT の課題として，第一に各省庁の役割分担，第二に文部科学省のなかでの役割分担，第三にスポーツ組織の再編の3つをあげた[59]．

　第1の課題は，各省庁の役割分担である．スポーツ政策をスポーツ庁に一元化することは困難なため，スポーツ庁で担当する部分と，各省がスポーツ庁と連携をとって担当する部分とを整理することであった．現在，スポーツ行政は，文部科学省だけでなく，障害者・高齢者・労働者スポーツは厚生労働省，国際

第6章　実現期(「スポーツ基本法案」成立後から「スポーツ庁設置法案」成立まで　2011年6月〜2015年5月)の事例とその分析　　121

交流は外務省，スポーツ産業は経済産業省，スポーツツーリズムやグラウンド等の施設整備は国土交通省がそれぞれ分担し，多くの省庁にまたがっているからである．しかし，遠藤議員は，この点に関して次のように考えていた．

　　省庁の抵抗はあるだろうけれど，そこはやりようだ．スポーツに関する省庁の仕事を全部集めるのか，全部は集めないけれど実質的にスポーツ行政の一元化を目指すのか．実際，もし本当に全部の仕事を集めようとしたら調整に何年かかるかわからない．まずはスポーツ庁をつくることだと思っている．やはり役所というのは，自分たちの仕事がどれだけあるかが存在感だから，権限を放したくはない．それは人事とカネ．それを手放すとなると，役所はとことん抵抗するだろう．でも，幸か不幸かスポーツは各省庁のメインの施策ではないから，やりやすいと思う[60]．

　第2の課題は，文部科学省のなかでの学校体育の位置付けであった．スポーツ庁は文部科学省の外局として創設する方針のため，①学校体育を文部科学省の初等中等教育局で担当するか，または，②スポーツ庁で担当するかという問題であった．本来，学校体育の授業は指導要領にもとづいているため，文部科学省の初等中等教育局が担当するのが妥当であると考えられる．しかし，学校体育は，地域スポーツも含めて考えた場合，スポーツ庁が担当すべきである[61]．

　第3の課題は，関連の組織の位置付けである．スポーツ庁の設置にともなって，スポーツコミッションをつくり，そのなかに各省庁との連絡会議をつくる必要がある．スポーツ庁があって，その下にスポーツコミッション，さらにJOC，日本体育協会，その他の競技団体がならぶ形態が考えられる．スポーツ庁が担当するものと，スポーツ庁と各省庁とが連携して担当するものとを整理する必要がある．たとえば，障害者スポーツの場合，スポーツ庁はパラリンピックのみを担当し，厚生労働省は医療行為をともなう障害者スポーツを担当すべきである[62]．

　スポーツ庁設置に関しては，行政改革による省庁再編とは逆行する動きと捉

えられ，人的，財源的な負担増が懸念されていた．このため，スクラップ・アンド・ビルドの観点から，文部科学省の部署を削減することにより，設置時には人的資源や財務的資源は文部科学省から移管しながら，スタートすることになった[63]．

2014年2月27日，スポーツ議員連盟の遠藤利明幹事長は，2015年1月のスポーツ庁設置を目指す考えを明らかにした[64]．

5月8日，スポーツ議員連盟のスポーツ庁創設PTが有識者会議を開き，スポーツ庁を文部科学省の外局とすることを確認した．その際，スポーツ庁は学校体育行政も所管すべきだとした[65]．

5月14日，スポーツ庁創設PTの有識者会議が，報告書を作成した．報告書の中では，（1）新たに設置する独立行政法人が，JSCやJOCを通じて各競技団体へ配分されてきた公的資金を一元的に配分するのが妥当である，（2）スポーツ庁は文部科学省の外局として設置し，学校体育行政も所管するべきだとした[66]．

5月28日，スポーツ庁創設PTは，新たに設置する独立行政法人が選手強化に関わる公的資金の流れを一元化する骨子案を了承した．スポーツ議員連盟は，この骨子案をもとに考えをまとめ，政府や文部科学省に提言することにした[67]．

6月12日，スポーツ庁創設PTの会合で，公的資金の流れをスポーツ庁傘下の新組織に一元化し，各競技団体に直接配分することを柱とするPT案がまとめられた[68]．

6月20日，スポーツ議員連盟の総会で，麻生太郎会長が，公的資金の配分方法等のスポーツ庁創設PT案を「現場の意見と一致していない」として承認せず，再検討するよう差し戻しを行った．他方，資金の配分方法や選手強化の在り方を再検討しながら，秋の臨時国会にスポーツ庁設置法案を提出する方向性は確認された[69]．

8月6日，意見が対立していたスポーツ議員連盟，JOC，管轄する文部科学省が，新設される独立行政法人に強化費を一元化する方針を固めた[70]．

7 スポーツ庁設置法案成立

上述のように，2013年9月8日，2020東京五輪・パラリンピック開催が決定した．これを受けて，政府は，9月9日の記者会見で「スポーツ政策を一体的に推進するにはどのような行政組織が最適か検討する必要がある」と述べた．

10月15日，政府は，文部科学省と厚生労働省のスポーツ関連事務を統合して，スポーツ庁を新たにつくる方針を発表した[71]．

11月17日，主要報道各社は，「政府が2020年の東京五輪・パラリンピック開催に向け，スポーツ庁を文部科学省の外局として創設する方針を固めた」と報じた．政府として今後さらに文部科学省の外局を含め，様々な設置形態を検討することが予想された．

2014年1月24日，東京オリンピック・パラリンピック大会組織委員会が発足した[72]．

10月21日，下村博文文科相は，スポーツ庁の設置時期を当初予定していた2015年4月から2015年秋に先送りすることを明らかにした．先送りの理由は，人員，予算，権限をめぐって他省庁との理解が得られないことであった[73]．

2014年秋の時点での文部科学省における検討状況に関して，芦立訓文部科学省審議官は次のように述べている．

　では，どのような形でスポーツ庁をつくるかということです．今，スポーツ・青少年局というのが文部科学省にございます．これは大きく分けて，スポーツ担当部局，青少年担当部局，それからそれとリンクしているもう1つ別の部局と，大きく分けて3つあります．このうち青少年教育の部分は生涯学習政策局に移管する．学校給食の部分は初等中等教育局へ移管する．スポーツということで主に括られるスポーツ・青少年局のうちの青少年の部分が無くなる形でスポーツ庁をつくろうと思っている．

　スポーツ庁をつくるにあたっては，政府の行政改革の基本方針との整合性に十分注意して作ることになっており，純粋に人を増やすということはとてもできないので，文部科学省の他のセクションから人を持ってくる．

それから，関係各省庁から人に来ていただく．100名を超える規模でスポーツ庁を発足させたい思っているので，今，文部科学省内や他の各省庁に，スポーツ・青少年局から頭を下げてぜひ協力して頂くようお願いしている．したがって，国家公務員の純粋な増員というのはなく，各省あるいは省内から人をかき集めて，規模を今より大きな形でスタートさせたい．

　それから次にどんな組織にしたいのか，どんな仕事をしたいのかということです．私どもは，スポーツ基本法の理念，精神，目的を具現化するための行政組織としてスポーツ庁を設置していきたいと考えている．このため，必ずしもトップスポーツの問題だけに限定されるものではない．それともう１点，スポーツ基本法の付則第２条の中に「スポーツに関する施策を総合的に推進するためスポーツ庁について検討を加える」と書いてあることです．スポーツに関する施策を総合的に推進するということは，スポーツ基本法に書いてある．たとえば，地域スポーツの問題もあれば，レクリエーションの問題もあれば，あるいはスポーツをする人間の権利保護の問題もあれば，さらにドーピングの問題，国際的な貢献の問題，あるいは健康に役立つという視点，こういったものをカバーする形で，スポーツ庁の組織というものを考えていきたい．組織ができた暁には，そういう施策を打ち立てていきたいなあと考えている．

　この後の大体のスケジュールです．スポーツ庁をつくるためには，法律の根拠が必要でございます．スポーツ庁を文部科学省の外局として設置することを考えておりますので，文部科学省設置法と国家行政組織法を改正する必要があります[74]．2014年１月に政府の内部でスポーツ庁設置について最終的にコンセンサスが得られれば，来年（2015年）召集される通常国会に文部科学省設置法改正案を提出する．そして，国会でお認めいただければ，速やかにスポーツ庁設置の作業に入っていきたい．だいたい通常国会が１月に招集されて最初のうちは予算案の通過に全力が注がれます．文部科学省設置法改正案は，来年３月の末，あるいは４月の頭ぐらいから国会でご審議いただくような環境が整うと思っております．そこでお認めいた

第6章　実現期(「スポーツ基本法案」成立後から「スポーツ庁設置法案」成立まで　2011年6月〜2015年5月)の事例とその分析　125

だいた後さらに準備作業が始まるということになります．順調にいっても
スポーツ庁の設置は早くても夏以降ということになります[75]．

　2015年2月20日，①2020東京五輪・パラリンピック担当相を置く特別措置
法案，②スポーツ庁設置法案（正式には「文部科学省設置法の一部を改正する法律案」）
が，閣議決定され国会に提出された[76]．

　2月27日，文部科学省は，JOCやJSC代表者らとの「競技力向上タスクフォー
ス」の初会合を開いた．その際，（1）今秋のスポーツ庁設置を見据え，強化
費はJSCが一元的に管理する，（2）配分の基本計画は「競技力向上タスク
フォース」が担う，（3）国から交付される来年度の五輪競技の強化費は，今
年度の41億円から63億円に増えることが明らかにされた[77]．

　3月13日，上述のように，安倍首相は，バッハIOC会長に対して「専任の
五輪担当相とスポーツ庁を設置し，五輪に備えたい」と説明を行った[78]．

　4月17日，スポーツ庁設置法案は，衆議院文部科学委員会で可決され，4月
21日，衆議院本会議において全会一致で可決され，法律案は参議院に送付され
た．

　5月12日，スポーツ庁設置法案が，参議院文教科学委員会で可決された[79]．

　5月13日，スポーツ庁設置法案は参議院本会議において賛成234名の全会一
致で成立した．その際，次の4項目を含む8項目からなる付帯決議が行われた．
政府および関係者に対して本法の施行にあたり，特段の配慮を要する事項が示
されたのである．

　　1．文部科学省の外局として「スポーツ庁」を設置するに当たっては，行
　　　政改革の推進の観点から組織の肥大化につながることのないよう十分
　　　留意すること．
　　2．スポーツ庁における関連施策の総合的な推進体制の整備に当たっては，
　　　その機能と役割の明確化を図り，縦割り行政を解消し，スポーツ行政
　　　の一体的な推進に努めること．
　　3．スポーツ庁長官の登用に当たっては，その職務の果たす役割に鑑み，

スポーツに造詣が深く情報発信力のある人材を広く各界に求めることも含め，十分考慮すること．
4．新設される「スポーツ審議会」においては，審議事項について，競技スポーツ分野に偏在することなく，また，学校体育等の教育上の観点にも留意するとともに，選任される委員の出身分野及び男女比に十分配慮すること．

　これにより，スポーツ庁は，2015年10月１日に文部科学省の外局として発足することになった．その際，スポーツ庁への関係各省の移管は見送られ，総合的な施策の立案がスポーツ庁の主要な役割となった．スポーツ庁長官には予算請求権はなく，文部科学大臣の権限になった．
　スポーツ庁は，図６-３に示すように，政策課，健康スポーツ課，競技スポーツ課，国際課，オリンピック・パラリンピック課，参事官（地域振興担当），参事官（民間スポーツ担当）の５課２参事官の121名でスタートした．このうち23名は，厚生労働省，国土交通省，農林水産省，経済産業省，外務省等７府省から再配置された職員であった．[80]
　以下５課２参事官の所掌事務を説明する．

① 政策課
　学校体育（教科体育や運動部活動）の施策は，スポーツ庁の政策課に設置されている「学校体育室」が担う．以前は文部科学省が担当してきた現在の学校体育施策は，文部科学省の初等中等教育局とスポーツ庁の学校体育室がそれぞれ担当する．
　スポーツ庁の設置以前より他省庁が所管してきた施策は，現時点ではスポーツ庁に移管されていない．スポーツ庁は，省庁間の施策の連携・調整を図りながら，スポーツ行政の司令塔的役割を果たす役目を担う．

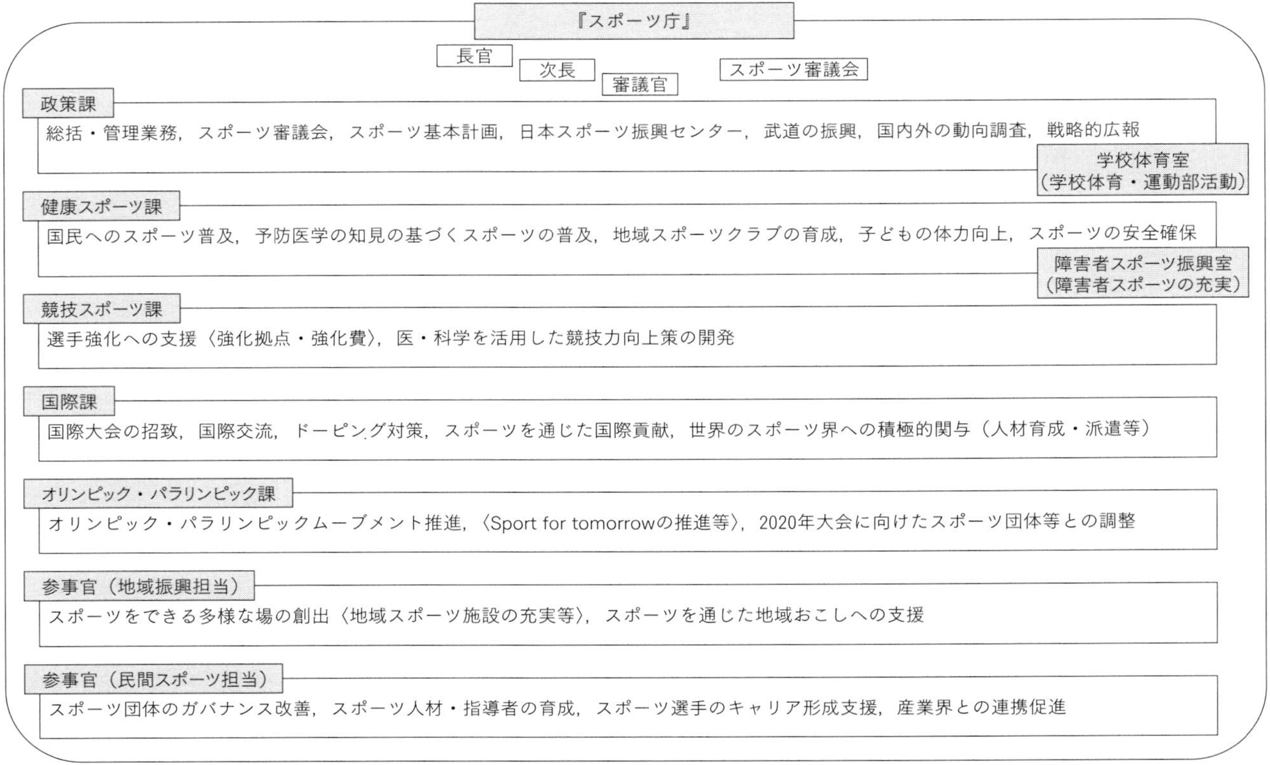

「スポーツ庁」

長官　次長　審議官　スポーツ審議会

政策課：総括・管理業務、スポーツ審議会、スポーツ基本計画、日本スポーツ振興センター、武道の振興、国内外の動向調査、戦略的広報

学校体育室（学校体育・運動部活動）

障害者スポーツ振興室（障害者スポーツの充実）

健康スポーツ課：国民へのスポーツ普及、予防医学の知見の基づくスポーツの普及、地域スポーツクラブの育成、子どもの体力向上、スポーツの安全確保

競技スポーツ課：選手強化への支援〈強化拠点・強化費〉、医・科学を活用した競技力向上策の開発

国際課：国際大会の招致、国際交流、ドーピング対策、スポーツを通じた国際貢献、世界のスポーツ界への積極的関与（人材育成・派遣等）

オリンピック・パラリンピック課：オリンピック・パラリンピックムーブメント推進、〈Sport for tomorrowの推進等〉、2020年大会に向けたスポーツ団体等との調整

参事官（地域振興担当）：スポーツをできる多様な場の創出〈地域スポーツ施設の充実等〉、スポーツを通じた地域おこしへの支援

参事官（民間スポーツ担当）：スポーツ団体のガバナンス改善、スポーツ人材・指導者の育成、スポーツ選手のキャリア形成支援、産業界との連携促進

図6-3　スポーツ庁の組織図（2015年10月）

出所：笹川スポーツ財団（2020）．p. 29.

② 健康スポーツ課

　予防医学の知見にもとづくスポーツの普及や地域スポーツクラブの育成，女性や働く世代のスポーツ参加等，スポーツによる健康づくりを担う課である．障害者スポーツの振興も同課の「障害者スポーツ振興室」が所管する．

③ 競技スポーツ課

　五輪・パラリンピック競技大会等に向けた国際競技力向上を目的に，トップアスリートの強化活動の支援ならびにトップアスリートのための強化・研究活動等の拠点構築を担っている．トップアスリートの強化活動の支援に関しては，各競技団体への強化活動支援やメダル獲得の可能性が高い競技に対してはソフト面での支援を行う．トップアスリートのための強化・研究活動等の拠点構築に関しては，強化活動の拠点となるナショナルトレーニングセンターの整備といったハード面の整備を実施する．

④ 国際課

　国際大会の招致，国際交流，ドーピング防止活動といった国際関係業務を担っている．さらに，スポーツを通じた国際貢献，世界のスポーツ界への積極的関与（人材育成・派遣等），持続可能な開発目標（SDGs）の達成への貢献といった新たな役割も担っている．

⑤ オリンピック・パラリンピック課

　2020東京五輪・パラリンピック大会までの時限で配置されていた「オリンピック・パラリンピック課」が中心となり，大会成功に向けて各種スポーツ団体との調整に加え，オリンピック・パラリンピック・ムーブメントの推進のためのオリンピック・パラリンピック教育を実施する．

⑥ 参事官（地域振興担当）

　参事官（地域振興担当）は，スポーツイベントやスポーツツーリズム，大会・

合宿誘致等を通じた地域や経済活性化を担当する．またスポーツ施設の有効活用に向けたガイドライン策定やモデル形成を行う．

⑦ 参事官（民間スポーツ担当）

　参事官（民間スポーツ担当）は，人材育成，スポーツ団体の経営力強化，他産業との連携を通したスポーツの成長産業への転換を主導する[81]．

　上述のように，2015年10月1日，スポーツ庁が設置された．民間人である鈴木大地がスポーツ庁長官に就任した．次長は文部科学省，審議官は外務省，課長クラスは文部科学省，厚生労働省，国土交通省，農林水産省，経済産業省の出身者と，庁議メンバーの半数が文部科学省以外の出身者となり，スポーツ関係省庁の一体化は概ね達成された[82]．

　鈴木寛文科大臣補佐官は，スポーツ庁が庁として設置された意義に関して次のように述べている．

　　今回スポーツ庁の設置については極めて異例なことがいくつかありました．1970年以降，日本の国家行政組織の新設については，スクラップ・アンド・ビルドの原則が鉄則中の鉄則であります．つまり，庁をつくるためには，1つの庁を潰さなければいけません．国土交通省に観光庁ができていますが，海難審判庁を潰していますから，スクラップ・アンド・ビルドの原則が貫徹されているわけです．今回，スポーツ庁が設置されるに当たり，スクラップされた庁があるかというとありません．財務省あるいは行政管理部局からすると異例中の異例，1970年以来初めて，その原則が覆されたわけです．これは役人と役人の議論では絶対超えることができなかった，極めて強いイニシアティブがあったことによって，今回スポーツ庁ができています．その根拠がスポーツ基本法です．わが国の政策形成の歴史においても，極めて異例のことでありました[83]．

8 実現期の分析

実現期は,「スポーツ基本法案」成立後から「スポーツ庁設置法案」成立まで (2011年6月〜2015年5月) の約4年である.以下実現期の分析を行う.分析結果は表6-8に要約される.

表6-8 実現期の分析結果

(「スポーツ基本法案」成立後から「スポーツ庁設置法案」成立まで 2011年6月〜2015年5月)

参加者	政府（内閣・省庁）	① 文部科学省, ⑮ 安倍内閣, ⑯ 下村博文文科相, ⑰ 厚生労働省, ⑱ 経済産業省, ⑲ 国土交通省
	議員・国会	② スポーツ議員連盟, ⑭ 自民党スポーツ議員連盟
	市民団体	
政策アクティビスト		① 遠藤利明議員, ②安倍晋三首相
政策形成の場		② 国会, ⑫ 内閣官房2020五輪・パラリンピック東京大会推進室, ⑬ 文科省のスポーツ庁のあり方について検討するタスクフォース
問題の流れ	期首のアジェンダ	アジェンダ【問題①〜④】
	問題	⑤ スポーツ庁設置法の制定, ⑥2020東京五輪・パラリンピック開催準備
	問題の窓	④ スポーツ基本法案の成立, ⑤2020東京五輪・パラリンピック開催決定
政策の流れ	期首の政策状況	政策状況【政策案①〜⑭】
	政策案	⑮ 文部科学省のスポーツ基本計画の策定, ⑯ 文部科学省の「スポーツ庁の調査研究事業」, ⑰ 自民党公約「スポーツ庁, スポーツ大臣の新設」, ⑱ 安倍首相の下村文科相への「スポーツ庁設置の検討」指示, ⑲ 内閣官房への「2020五輪・パラリンピック東京大会推進室」設置, ⑳ スポーツ議員連盟の「スポーツ庁の創設」の議論とPTの報告書, ㉑ スポーツ庁設置法案（成立）
政治の流れ	政治の窓	④ 第2次安倍内閣の発足
	政治	⑥ 安倍内閣の存続
	期首の政治状況	政治状況【政治①〜⑤】
期末のアジェンダ・政策状況・政治状況の結び付き〈政策の決定・正当化〉		アジェンダ【問題①〜⑥】・政策状況【政策案①〜㉑】・政治状況【政治①〜⑥】は,相互に結び付いており,完全なパッケージが構成され,政策は決定・正当化される

[1] 参加者

実現期において，政府（内閣・省庁）の主要な参加者は6つであった．すなわち，参加者①〈文部科学省〉，⑮〈安倍内閣〉，参加者⑯〈下村博文文科相〉，⑰〈厚生労働省〉，⑱〈経済産業省〉，⑲〈国土交通省〉である．以下6つの参加者について説明する．

参加者①〈文部科学省〉は，2012年，①「スポーツ基本計画」の策定，②「スポーツ庁の在り方に関する調査研究事業」（予算1000万円）の開始，③「大学改革実行プラン」の公表をそれぞれ行った．

参加者⑮〈安倍内閣〉は，2012年12月に発足した第2次安倍内閣である．

参加者⑯〈下村博文文科相〉は，第2次安倍内閣の文科相であり，首相より「スポーツ庁設置の検討」の指示を受けるとともに，オリンピック担当相を兼務した．彼は，文科省内にスポーツ庁設置を検討するタスクフォースを設置した．

参加者⑰〈厚生労働省〉，参加者⑱〈経済産業省〉，参加者⑲〈国土交通省〉は，参加者①〈文部科学省〉とともに，現代日本のスポーツ政策を担っている主要省庁であり，スポーツ庁設置に際しては，職員や予算の一部を提供した．なお，スポーツは各省のメインの政策ではなく，スポーツ庁設置には反対しなかった．

実現期において，議員・国会の主要な参加者は2つであった．すなわち，参加者②〈スポーツ議員連盟〉，⑭〈自民党スポーツ議員連盟〉である．以下2つの参加者について説明する．

参加者②〈スポーツ議員連盟〉は，2013年10月，「スポーツ庁創設PT」を設置し，スポーツ庁設置の議論を本格化させた．

参加者⑭〈自民党スポーツ議員連盟〉は，2012年10月，第46回衆議院選挙の自民党公約に「スポーツ庁・スポーツ大臣の新設」を謳うよう自民党に要請した．

［２］政策アクティビスト

　形成期の政策アクティビストであった遠藤議員は，実現期においても政策ア
クティビストとして活発に活動を展開した．馳浩議員は，遠藤議員によるスポー
ツ庁設置の意向に関して次のように述べている．

　　　スポーツ基本法に関連してスポーツ庁の創設がありました．私（馳）は，
　　小さな政府を謳った行政改革が終わったばかりだから，新しいスポーツ庁
　　の創設はさすがに無理だなと思っていた．しかし，遠藤利明先生も河野一
　　郎先生もスポーツ庁設置をあきらめていなかった．（遠藤・河野先生は）ス
　　ポーツ基本法は，オリンピック招致に向けての１つのきっかけになると考
　　えていたわけです．[84]

　もう１人の政策アクティビストである安倍首相は，スポーツ庁設置の決定・
正当化に向けて積極的に主導した．遠藤議員は，この点に関して次のように述
べている．

　　　まだスポーツ庁の絵が完成とまではいかないが，デザインが終わって，
　　「今後のスポーツ政策のあり方検討とスポーツ庁創設に向けたプロジェク
　　トチーム」で色をつけ始めた感じだ．デッサンを調整しながら，色をつけ
　　始めている．2014年５月ぐらいに粗い絵ができるといったイメージかな．
　　作業はとくに大変ということはない．東京オリンピック・パラリンピック
　　が決まって，一気にムードが変わった．安倍総理自身も「スポーツ庁をつ
　　くる」と明言している．2012年12月に安倍総理が就任した時，「スポー
　　ツ庁をつくってください」とお願いしても，明快に「うん」とは言ってもら
　　えなかった．2013年春にもまだ明快ではなかった．でも13年９月，ブエノ
　　スアイレスで東京オリンピック・パラリンピックが決まって，みんなで「バ
　　ンザイ」したあと，その日の夜ホテルでの祝勝会の席で，改めて「スポー
　　ツ庁をお願いします」と言ったら，「わかった．やろう」と言ってくれた．[85]

第6章 実現期(「スポーツ基本法案」成立後から「スポーツ庁設置法案」成立まで 2011年6月〜2015年5月)の事例とその分析　133

［3］政策形成の場

　実現期において，主要な政策形成の場は3つであった．すなわち，政策形成の場②〈国会〉，政策形成の場⑫〈内閣官房2020五輪・パラリンピック東京大会推進室〉，政策形成の場⑬〈文科省のスポーツ庁のあり方について検討するタスクフォース〉である．以下3つの政策形成の場について説明する．

　政策形成の場②〈国会〉は，2015年5月，「スポーツ庁設置法案」が決定・正当化された場である．

　政策形成の場⑫〈内閣官房2020五輪・パラリンピック東京大会推進室〉は，2013年10月，2020東京五輪・パラリンピックの決定を受けて，準備のために設置された場である．

　政策形成の場⑬〈文科省のスポーツ庁のあり方について検討するタスクフォース〉は，2014年5月のスポーツ議員連盟のスポーツ庁創設に向けたPTの結論を受けて，文科省が組織の在り方等の実務的な検討を行うために設置した場であった．

［4］問題の流れ

　実現期において，問題の窓④〈スポーツ基本法案の成立〉が開いた．この問題の窓④が開いたことを契機に，問題⑤〈スポーツ庁設置法の制定〉が認識・定義され，問題の流れの中に投げ込まれ，開いた問題の窓④を通って，政策の流れの中に入り浮遊した．以下問題⑤について説明する．スポーツ基本法の付則第2条は次のとおりであった．

　　　政府は，スポーツに関する施策を総合的に推進するため，スポーツ庁及
　　びスポーツに関する審議会等の設置等行政組織の在り方について，政府の
　　行政改革の基本方針との整合性に配慮して検討を加え，その結果にもとづ
　　いて必要な措置を講ずるものとする．

　スポーツ基本法付則に明記されたことにより，問題⑤〈スポーツ庁設置法の制定〉は，形成期の「遠藤リポート」における問題④〈スポーツ省(庁)の設

置〉よりも，多くの参加者によってはるかに重要かつ具体的な問題として認識・定義された．

実現期の途中において，問題の窓⑤〈2020東京五輪・パラリンピック開催決定〉が開いた．この問題の窓⑤が開いたことを契機に，問題⑥〈2020東京五輪・パラリンピック開催準備〉が認識・定義され，問題の流れの中に投げ込まれ，開いた問題の窓⑤を通って，政策の流れの中に入り浮遊した．以下問題⑥について説明する．

スポーツ庁の設置は，2020東京五輪・パラリンピック開催準備の一環として捉えられた．そして，五輪・パラリンピック開催準備は，安倍政権を支えることになった．「2015年5月，スポーツ庁の設置は安倍晋三首相も積極的に推した．3月に来日したIOCのトーマス・バッハ会長と相談した際も「五輪担当相とスポーツ庁を設置し，五輪に備えたい」と訴えかけた．首相周辺は「東京五輪は安倍政権を向こう5年間支える存在だ」と言う．自ら招致に動いた経緯は準備期間中の求心力の維持につながり，五輪に伴う経済効果も政権の支持率を下支えするという理由だ[86]」．

[5] 政策の流れ

実現期において，政策の流れの岸にいる参加者は，政策案⑮から政策案㉑の生成・特定化を行い，政策の流れに投げ込んだ．その結果，これら7つの政策案が政策の流れに浮遊していた．すなわち，政策案⑮〈文部科学省のスポーツ基本計画の策定〉，政策案⑯〈文部科学省の「スポーツ庁の調査研究事業」〉，政策案⑰〈自民党公約「スポーツ庁，スポーツ大臣の新設」〉，政策案⑱〈安倍首相の下村文科相への「スポーツ庁設置の検討」指示〉，政策案⑲〈内閣官房への「2020五輪・パラリンピック東京大会推進室」設置〉，政策案⑳〈スポーツ議員連盟の「スポーツ庁の創設」の議論とPTの報告書〉，政策案㉑〈スポーツ庁設置法案（成立）〉である．以下7つの政策案について説明する．

政策案⑮〈文部科学省のスポーツ基本計画の策定〉は，2012年3月に行われた．このなかで，五輪・パラリンピック等の国際競技大会の招致・開催等を通

じた国際貢献・交流の推進が謳われた.

政策案⑯〈文部科学省の「スポーツ庁の調査研究事業」〉は，2012年4月，開始され，2013年度も継続された. 文部科学省は，この時点でスポーツ庁の設置に舵を切ったといえる.

政策案⑰〈自民党公約「スポーツ庁，スポーツ大臣の新設」〉は，2012年10月の第46回衆議院選挙の自民党公約のなかで謳われた.

政策案⑱〈安倍首相の下村文科相への「スポーツ庁設置の検討」指示〉は，2012年12月の内閣発足直後に行われた. この指示は，2020東京五輪・パラリンピックの開催誘致を目指したものであった.

政策案⑲〈内閣官房への「2020五輪・パラリンピック東京大会推進室」設置〉は，2013年9月の2020年東京五輪・パラリンピック開催決定を受けて，同年10月に行われた.

政策案⑳〈スポーツ議員連盟の「スポーツ庁の創設」の議論と PT の報告書〉は，2013年10月のスポーツ議員連盟の会合にもとづく成果であり，文科省のスポーツ庁のあり方について検討するタスクフォースの議論に大きな影響を及ぼした.

政策案㉑〈スポーツ庁設置法案（成立）〉は，2015年5月，国会で決定・正当化された.

[6] 政治の流れ

実現期の2012年12月，政治の窓④〈第2次安倍内閣の発足〉が開いたのを契機に，政治⑥〈安倍内閣の存続〉が生成・展開され，政治の流れの中に投げ込まれ，開いた政治の窓④を通って，政策の流れの中に入り浮遊した. 以下政治⑥について説明する.

第2次安倍内閣は，2012年12月から2020年9月までの約7年9カ月にわたって長期間存続した. 内閣発足間もない12月，安倍首相は，下村文科相に「スポーツ庁設置の検討」を指示した. 2013年9月，2020東京五輪・パラリンピック開催が決定した. 2014年6月，遠藤議員が2015年4月のスポーツ庁設置を提言し

た際，安倍首相は「勢いのある時にやった方がいい．せっかくなので各省庁の
スポーツに関係する部門を一体化した方がいい」と述べた．この第2次安倍内
閣において，スポーツ庁設置法案は成立した．

[7] 3つの結び付き

　実現期末のアジェンダ，政策状況，政治状況および，それらの結び付きにつ
いて説明する．

　第一のアジェンダは，問題①から問題⑥の6つからなっていた．実現期に，
問題⑤〈スポーツ庁設置法の制定〉と問題⑥〈2020東京五輪・パラリンピック
開催準備〉が新たに追加されたことで，スポーツ庁設置を実現するために不可
欠な問題がすべて認識・定義された．その結果，実現期末のアジェンダを構成
する問題は，十分な内容を備えるとともに，相互に関連し統合された．

　第二の政策状況は，政策案①から政策案㉑の21からなっていた．上述のよう
に，形成期に生成・特定化された政策案⑥〈懇談会「「スポーツ立国」ニッポ
ン」〉は十分に融和されていた．また実現期に，政策案⑮〈文部科学省のスポー
ツ基本計画の策定〉，政策案⑯〈文部科学省の「スポーツ庁の調査研究事業」〉，
政策案⑰〈自民党公約「スポーツ庁，スポーツ大臣の新設」〉，政策案⑱〈安倍
首相の下村文科相への「スポーツ庁設置の検討」指示〉，政策案⑲〈内閣官房
への「2020五輪・パラリンピック東京大会推進室」設置〉，政策案⑳〈スポー
ツ議員連盟の「スポーツ庁の創設」の議論とPTの報告書〉，政策案㉑〈スポー
ツ庁設置法案（成立）〉が新たに生成・特定化されたことで，スポーツ庁設置を
実現するために不可欠な政策案がすべて生成・特定化された．その結果，実現
期末の政策状況を構成する政策案は，十分な内容を備えるとともに，相互に関
連し統合された．

　第三の政治状況は，政治①から政治⑥の6つからなっていた．実現期に新た
に生成・展開された政治⑥〈安倍内閣の存続〉は，特に準備期に生成・展開さ
れた政治①〈スポーツ議員連盟結成〉と政治②〈スポーツ政策形成の文部科学
省の行政官僚主導からスポーツ議員連盟等の政治優位・政治主導への変化〉を

強化する内容であった．この政治⑥が新たに追加されたことで，スポーツ庁設置を実現するために不可欠な政治がすべて生成・展開された．その結果，実現期末の政治状況を構成する政治は，十分な内容を備えるとともに，相互に関連し統合された．

　以上のように，実現期末に政策の流れに浮遊していたアジェンダ【問題①～⑥】，政策状況【政策案①～㉑】，政治状況【政治①～⑥】は，いずれもスポーツ庁設置を実現するのに十分な内容を備えていた．このため，実現期末のアジェンダ・政策状況・政治状況は相互に結び付いており，完全なパッケージが構成され，政策（スポーツ庁設置）は決定・正当化された．

注
1）日本スポーツ法学会（2016），p. 90.
2）文部科学省（2014），p. 41.
3）*ibid.*
4）*ibid.*, p. 42.
5）*ibid.*
6）*ibid.*
7）*ibid.*, p. 42.
8）*ibid.*
9）鈴木寛は，後にスポーツ基本法とスポーツ庁設置の関係について次のように述べている．「スポーツ基本法がなければスポーツ庁はできなかった．スポーツ庁は，スポーツ基本法の付則に「スポーツ庁の設置について検討する」という条項を入れたことから，検討が本格化しました．それまでスポーツ庁という構想はありましたけれども，そこで初めて検討の俎上に上がったわけです」．鈴木寛（2016），p. 62.
10）文部科学省（2014），p. 41.
11）文部科学省（2012），p. 3.
12）*ibid.*
13）*ibid.*, p. 3.
14）*ibid.*, pp. 3-4.
15）*ibid.*, p. 41.
16）『東京新聞』（2011年9月16日夕刊）.

17）『朝日新聞』（2011年10月 1 日朝刊）.

18）委託先は WIP ジャパンであり，年間予算 1 千万である.

19）委託先は新日本有限責任監査法人である.

20）文部科学省（2014），p. 1 .

21）*ibid.*

22）*ibid.*, p. 2 .

23）*ibid.*

24）*ibid.*, p. 4 .

25）*ibid.*

26）*ibid.*

27）文部科学省（2014），p. 74.

28）*ibid.*, p. 75.

29）文部科学省（2014），pp. 75–76.

30）遠藤（2014），p. 126.

31）*ibid.*, p. 127.

32）河野（2020），pp. 21–28.

33）*ibid.*, pp. 26–28.

34）河野（2020），pp. 21–25.

35）*ibid.*, pp. 25–26.

36）*ibid.*, p. 26.

37）*ibid.*, p. 28.

38）*ibid.*, pp. 28–31.

39）遠藤（2014），p. 128.

40）河野（2020），p. 31.

41）*ibid.*, p. 32.

42）*ibid.*, pp. 27–28.

43）*ibid.*

44）*ibid.*

45）*ibid.*, p. 35.

46）*ibid.*, p. 33.

47）*ibid.*, p. 41.「その前の2016年東京五輪・パラリンピック招致の時はスポーツ基本法がな
　　かった．今回はスポーツ基本法があった．したがって，総理も政府専用機でブエノスアイ
　　レスに来られ，文部科学大臣がおられ，外務大臣がおられ，主要閣僚が招致の活動に参加
　　できたのはスポーツ基本法があったからである」，河野一郎への著者による聴き取り調査

第6章 実現期(「スポーツ基本法案」成立後から「スポーツ庁設置法案」成立まで 2011年6月～2015年5月)の事例とその分析　　139

（2022年10月5日）.

48）*ibid.*, p. 39.

49）『東京新聞』（2012年11月22日朝刊）.

50）笹川スポーツ財団 Web.

51）『東京新聞』（2013年9月10日朝刊）.

52）『東京新聞』（2013年10月12日朝刊）.

53）『東京新聞』（2013年10月23日朝刊），『朝日新聞』（2013年10月23日朝刊）.

54）参議院文教科学委員会議事録（2014年4月3日）.

55）『東京新聞』（2014年6月29日朝刊），芦立・笠原・鈴木・境田（2015），p. 27.

56）『東京新聞』（2015年3月14日朝刊），『日本経済新聞』（2015年5月14日朝刊）.

57）遠藤（2014），pp. 135–136.

58）*ibid.*, p. 137.

59）*ibid.*, p. 139.

60）*ibid.*

61）*ibid.*, pp. 137–138.

62）*ibid.*, pp. 138–139.

63）*ibid.*, p. 140.

64）『東京新聞』（2014年2月28日朝刊）.

65）『東京新聞』（2014年5月9日朝刊）.

66）『東京新聞』（2014年5月15日朝刊），『朝日新聞』（2014年5月15日朝刊）.

67）『東京新聞』（2014年5月29日朝刊）.

68）『東京新聞』（2014年6月13日朝刊）.

69）『朝日新聞』（2014年6月21日朝刊），『東京新聞』（2014年6月21日朝刊）.

70）『東京新聞』（2014年8月7日朝刊）.

71）『朝日新聞』（2013年10月12日朝刊）.

72）『東京新聞』（2014年2月5日朝刊）.

73）『東京新聞』（2014年10月22日朝刊）.

74）「スポーツ庁設置が議員立法に近い政府立法で制定される」ことになったのは，最終的に，文部科学省設置法と国家行政組織法の改正が必要であったからである．これら2つの法律改正は，政治家や議員ではなく行政官僚の管轄に属していた.

75）芦立・笠原・鈴木・境田（2015），pp. 28–30.

76）『東京新聞』（2015年2月20日夕刊）.

77）『朝日新聞』（2015年2月28日朝刊）.

78）『東京新聞』（2015年3月14日朝刊）.

79)『朝日新聞』（2015年 5 月13日夕刊），『東京新聞』（2015年 5 月13日夕刊）．

80) 中村（2015），p. 49.

81) 笹川スポーツ財団（2020），p. 29.

82) 鈴木寛（2016），p. 67.

83) *ibid.*, p. 63. スポーツ庁設置は，何よりも政治優位・政治主導の政策形成であった．さらに，スポーツ庁設置による国家公務員の純粋な増員は想定されておらず，予想される財政支出の増加は必ずしも大きいものではなかった．このため，財務省は，スポーツ庁設置のアジェンダ設定にも政策案の生成・特定化にもほとんど影響を及ぼさなかった．

84) 馳（2020），p. 206.

85) 遠藤（2014），pp. 141.

86)『日本経済新聞』（2015年 5 月14日朝刊）．

第7章

結　　論

Ⅰ ▶スポーツ政策形成の発見事実

　本節では，第4章から第6章のスポーツ庁設置の事例の分析結果を次のように検討する．

　（1）スポーツ庁設置の各期の分析結果である上掲の表4-5 （準備期），表5-13（形成期），表6-9 （実現期）の3つを集約した全期の表7-1を提示する．

　（2）表7-1にもとづいて，全期における参加者の行動ならびに行動間の相互関係を分析する．

　（3）（2）の分析結果より，スポーツ政策形成に関する全部で16の発見事実を析出する．

1【発見事実1】継続的な参加者と一時的な参加者が混在した

　全参加者は，文部科学省 （元文部省），スポーツ議員連盟，自民党文教族，日本体育協会，JOC，PTA 全国協議会，自民党，麻生太郎首相，民主党内閣，公明党，民主党，民主党スポーツ議員連盟，鈴木寛文科副大臣，自民党スポーツ議員連盟，安倍内閣，下村博文文科相，厚生労働省，経済産業省，国土交通省である．

　このうち，文部科学省とスポーツ議員連盟の二者は，政策形成のほぼ全史を通じて一貫して関与した．自民党，公明党，民主党の三者は，形成期と実現期に関与した．

　他方，自民党文教族，日本体育協会，JOC は準備期のみ，民主党内閣，民主党スポーツ議員連盟，鈴木寛文科副大臣は形成期のみ，安倍内閣，下村博文

142

表7-1　スポーツ庁設置の年代記分析の結果

		スポーツ議員連盟結成から「スポーツ振興に関する懇談会」設置前まで（準備期　1947年8月～2006年12月）	「スポーツ振興に関する懇談会」設置後から「スポーツ基本法案」成立まで（形成期　2006年12月～2011年6月）	「スポーツ基本法案」成立後から「スポーツ庁設置法案」成立まで（実現期　2011年6月～2015年5月）
参加者		①文部科学省（元文部省），②スポーツ議員連盟，③自民党文教族，④日本体育協会，⑤JOC，⑥PTA全国協議会	①文部科学省，②スポーツ議員連盟，⑦自民党，⑧麻生太郎首相，⑨民主党内閣，⑩公明党，⑪民主党，⑫民主党スポーツ議員連盟，⑬鈴木寛文科副大臣	①文部科学省，②スポーツ議員連盟，⑭自民党スポーツ議員連盟，⑮安倍内閣，⑯下村博文文科相，⑰厚生労働省，⑱経済産業省，⑲国土交通省
政策アクティビスト			①遠藤利明議員	①遠藤利明議員，②安倍晋三首相
政策形成の場		①スポーツ議員連盟の会合，②国会，③保健体育審議会	②国会，④スポーツ振興に関する懇談会，⑤スポーツ立国調査会，⑥スポーツ議員連盟の新スポーツ振興法制定PT，⑦教育再生会議，⑧教育再生懇談会，⑨文部科学省スポーツ政策企画室，⑩民主党スポーツ議員連盟会合，⑪スポーツ議員連盟のスポーツ基本法制定PT	②国会，⑫内閣官房2020年オリンピック・パラリンピック東京大会推進室，⑬文科省のスポーツ庁のあり方について検討するタスクフォース
問題の流れ	期首のアジェンダ		アジェンダ【問題①～②】	アジェンダ【問題①～④】
	問題	①2016年東京五輪・パラリンピック招致，②トップアスリートの公的支援	③新スポーツ振興法の制定，④スポーツ省（庁）の設置	⑤スポーツ庁設置法の制定，⑥2020年東京五輪・パラリンピック開催準備
	問題の窓	①都議会による2016年東京五輪・パラリンピック招致決議，②トリノ冬季五輪日本チームの惨敗	③スポーツ振興に関する懇談会の設置	④スポーツ基本法案の成立，⑤2020年東京五輪・パラリンピック開催決定
政策の流れ	期首の政策状況		政策状況【政策案①～⑤】	政策状況【政策案①～⑭】
	政策案	①スポーツ振興法制定，	⑥懇談会「「スポーツ立国」	⑮文部科学省のスポーツ

		②竹下首相の要請による「スポーツ振興に関する懇談会」報告書，③スポーツ法学会によるスポーツ基本法要綱案，④スポーツ振興基本計画策定，⑤スポーツ振興基本計画改訂	ニッポン」，⑦教育再生会議「第3次報告」，⑧スポーツ立国調査会「「スポーツ立国」ニッポンを目指して」（中間報告），⑨スポーツ議員連盟「スポーツ基本法に関する論点整理」，⑩教育再生懇談会「第4次報告」，⑪自民党・公明党スポーツ基本法案，⑫文部科学省の「スポーツ立国戦略」，⑬民主党スポーツ基本法案，⑭スポーツ基本法案	基本計画の策定，⑯文部科学省の「スポーツ庁の調査研究事業」，⑰自民党公約「スポーツ庁，スポーツ大臣の新設」，⑱安倍首相の下村文科相への「スポーツ庁設置の検討」指示，⑲内閣官房への「2020年オリンピック・パラリンピック東京大会推進室」設置，⑳スポーツ議員連盟の「スポーツ庁の創設」の議論とPTの報告書，㉑スポーツ庁設置法案（成立）
政治の流れ	政治の窓	①スポーツ振興くじ法案の成立	②麻生内閣の発足，③民主党内閣の発足	④第2次安倍内閣の発足
	政治	①スポーツ議員連盟結成，②スポーツ政策形成の文部科学省の行政官僚主導からスポーツ議員連盟等の政治優位・政治主導への変化	③麻生内閣の存続，④民主党内閣の存続，⑤民主党スポーツ議員連盟結成	⑥安倍内閣の存続
	期首の政治状況		政治状況【政治①～②】	政治状況【政治①～⑤】
期末のアジェンダ・政策状況・政治状況の結び付き〈政策の決定・正当化〉		アジェンダ【問題①～②】・政策状況【政策案①～⑤】・政治状況【政治①～②】は，相互にまったく結び付いておらず，パッケージは構成されず，政策は決定・正当化されない	アジェンダ【問題①～④】・政策状況【政策案①～⑭】・政治状況【政治①～⑤】は，相互に結び付いているが，部分的なパッケージしか構成されず，政策は決定・正当化されない	アジェンダ【問題①～⑥】・政策状況【政策案①～㉑】・政治状況【政治①～⑥】は，相互に結び付いており，完全なパッケージが構成され，政策は決定・正当化される

文科相，厚生労働省，経済産業省，国土交通省は実現期のみに関与した．

　2名の政策アクティビストに関しては，遠藤利明議員は形成期と実現期の2期にわたり，安倍晋三首相は実現期のみに精力的に活動した．このように全史にわたる政策アクティビストは存在せず，期が変わるとともに交替した．

　以上のように，参加者は継続的な参加者と一時的な参加者に区分される．継続的な参加者は，政策形成の全史を通じて一貫して関与する参加者である．他

方，一時的な参加者には，次の３つのタイプが存在する．第一のタイプは，政策形成の準備期から関与するものの，政策形成の途中で退出する参加者である．第二のタイプは，政策形成の中途で関与し，その後退出する参加者である．第三のタイプは，政策形成の中途で関与し，その後政策形成の実現まで関わる参加者である．政策が形成されるためには，継続的な参加者の活動だけでは十分ではない．３タイプの一時的な参加者は，継続的な参加者が展開しない活動を展開するのである[1]．

2 【発見事実２】アジェンダは目立つ参加者によって設定され，政策案は目立つ参加者と目立たない参加者によって生成・特定化された

　主要な参加者のアジェンダの設定と政策案の生成・特定化への影響は，表7-2に示すとおりである．アジェンダは，いずれも目立つ参加者である遠藤議員とスポーツ議員連盟の２つによって設定された．

　他方，政策案は，目立つ参加者と目立たない参加者によって生成・特定化された．目立つ参加者は，遠藤議員，スポーツ議員連盟，自民党文教族，民主党内閣，鈴木寛文科副大臣，安倍内閣であった．目立たない参加者は，文部科学省，日本体育協会，JOC であった．

　なお，安倍晋三首相は，アジェンダの設定にも政策案の生成・特定化にも影響を及ぼさなかった．

　以上の事例が示すように，参加者は目立つ参加者と目立たない参加者からなっている．目立つ参加者はメディアと国民の注目を受けつつ，アジェンダの設定に影響を及ぼす．目立たない参加者はメディアと国民の注目を受けることなく，政策案の生成・特定化に影響を及ぼす．言うまでもなく，これらの区別はあくまで傾向であり，厳格で絶対的なものではない[2]．なお，少数の目立つ参加者がアジェンダを設定すると同時に，政策案を生成・特定化していることは，次の【発見事実３】で述べる「国民のスポーツへの低い関心」に起因していると考えられる．

表7-2　アジェンダの設定と政策案の生成・特定化への主要な参加者の影響

	参加者	アジェンダの設定	政策案の生成・特定化
目立つ参加者	① 遠藤利明議員（アクティビスト）	○	○
	② 安倍晋三首相（アクティビスト）		
	② スポーツ議員連盟	○	○
	③ 自民党文教族		○
	⑨ 民主党内閣		○
	⑬ 鈴木寛文科副大臣		○
	⑮ 安倍内閣		○
目立たない参加者	① 文部科学省		○
	④ 日本体育協会		○
	⑤ JOC		○

注：○は影響を及ぼしたことを示す.

3 【発見事実3】国民のスポーツへの低い関心は，参加者の数を限定した

　スポーツ庁設置の政策形成への参加者の数は次のとおりであった．準備期の参加者は，文部科学省（元文部省），スポーツ議員連盟，自民党文教族，日本体育協会，JOC，PTA全国協議会の6つであった．形成期の参加者は，文部科学省，スポーツ議員連盟，自民党，麻生太郎首相，民主党内閣，公明党，民主党，民主党スポーツ議員連盟，鈴木寛文科副大臣の9つであった．実現期の参加者は，文部科学省，スポーツ議員連盟，自民党スポーツ議員連盟，安倍内閣，下村博文文科相，厚生労働省，経済産業省，国土交通省の8つであった．このため，準備期，形成期，実現期の3期の全参加者は19と極めて少ない.

　このような参加者の限定は，現代日本における「国民のスポーツへの低い関心」に起因していると考えられる．関心の低さの原因として次の2つがあげられる．第一は，国民がスポーツを「遊びの延長」として捉えていることである．第二に，スポーツが教育的な学校体育から出発していることである.

　遠藤議員は，第一のスポーツが「遊びの延長」として捉えられていることに

関して次のように述べている.

　　筑波大学名誉教授の佐伯年詩雄先生から「スポーツの評価って低いです
　ね」と言われたことがある.「えっ.そんなことないと思います」と言っ
　たら,「いや,スポーツは遊びとしか思われてなくて,スポーツをまとも
　に議論しても,誰も相手してくれないでしょう」って.なるほど,いわれ
　てみたらそうか,って.政治家がゴルフをしていたら,「何遊んでるんだ」
　と怒られるけれど,同じ遊びでも,ピアノを弾いていたら多分評価される.
　イメージとして,スポーツのチカラはすごいと感じていても,ワタシたち
　もまだ,スポーツは政策までいくものではなく,「遊びの延長」としか思っ
　てなかったのだ.[3]

　遠藤議員は,第二のスポーツが「教育的な学校体育」から出発していること
に関して次のように述べている.

　　佐伯先生から,「もともとスポーツは楽しむことが原点としてあるんで
　すよ.でも,これまでの日本のスポーツは,教育的な学校体育が先にあっ
　て,その中にスポーツが含まれるような形だった.そうではなく,本来の
　姿は,楽しみのスポーツがあって,そのスポーツを用いて教育するのが学
　校体育です[4]」と.ワタシはまったく逆の発想だったので,驚いた.今でも,
　スポーツよりも教育が上だという人がいるけど,スポーツも教育も上や下
　はないんだ.スポーツを用いての教育が学校体育ということだ.もう1つ
　は,日本のスポーツが堅苦しかったり,精神主義になったりしているのは,
　学校体育に武道の教えが入っていて,楽しさよりも,精神修養や教育的側
　面が強いのだ,と.[5]

　日本では,このような教育的な学校体育への国民の関心はより高いが,他方,
楽しみのスポーツへの国民の関心はより低いのである.

表 7-3　主要な参加者の誘因と資源

参加者	誘因	資源
文部科学省	スポーツ行政への献身	① スポーツ政策の変更に際しての有利な立場，② 予算編成の際の有利な立場，③ 専門的知識，④ 利益集団や議員との緊密な関係，⑤ 政権や大臣よりも長期在職
民主党内閣／安倍内閣	政治的成果の実現／次の選挙での勝利	① 法律案の調整権限，② 意思決定を調整する際の有利な立場，③ 人々の関心を集めて議員や国会にアピールできる立場
スポーツ議員連盟	スポーツ社会への献身	① 国会の立法権，② 体協や文部科学省との緊密な関係，③ 法案・政治状況・政府の情報等を組み合わせることが可能な立場，④ 団結力
日本体育協会／JOC	スポーツ社会への献身	① 五輪や国体等への選手派遣能力（全国に分散していること，メンバーや支持者を動員する能力），② 団結力（メンバー全員の選好を代表していること，政府に納得させられること）

4 【発見事実4】(1) スポーツ政策形成の誘因と(2) 保有している資源が，参加者間で異なった

　スポーツ政策形成においては，1）政策の実現によって充足したいと考えている誘因と2）保有している資源の2つが，参加者間で異なっている．

　主要な参加者の誘因と資源は，表7-3に示すとおりである．表の第2列に示されるように，文部科学省は「スポーツ行政への献身」，民主党内閣／安倍内閣は「政治的成果の実現」と「次の選挙での勝利」，スポーツ議員連盟，日本体育協会，JOC は「スポーツ社会への献身」をそれぞれ誘因としていた．

　他方，第3列に示されるように，文部科学省は「予算編成の際の有利な立場」，民主党内閣／安倍内閣は「法律案の調整権限」，スポーツ議員連盟は「国会の立法権」，「日本体育協会や文部科学省との緊密な関係」，日本体育協会／JOCは「五輪や国体等への選手派遣能力」をそれぞれ資源として有していた．

　各参加者は，誘因の充足に必要な資源を獲得するために，他の参加者との間で資源を取引する．他方，政策の決定・正当化のために各参加者に期待される役割は，多種多様であり，経時的にも変化する．そこで，各参加者は，自らが有する既存の資源と取引によって新たに獲得した資源にもとづいて，誘因の充

足に最適と考えられる自らの役割を創発的に定義し遂行するのである[6].

5 【発見事実5】政府，議員・国会，市民団体の各参加者が関わる複数の政策
　　形成の場が設定された

　政策形成の場は，表7-4に示すとおりである．

　準備期には次の3つの場が設けられた．政策形成の場①〈スポーツ議員連盟の会合〉は，スポーツ振興法とスポーツ振興くじ法の制定に際して，問題が認識・定義され，政策案が生成・特定化され，政治が生成・展開された場である．政策形成の場②〈国会〉は，スポーツ振興法案とスポーツ振興くじ法案が議員・国会によって決定・正当化された場である．政策形成の場①と政策形成の場②は，いずれも議員・国会が設定・活用した場であり，密接に連結されていた．政策形成の場③〈保健体育審議会〉は，スポーツ政策の答申・要望・建議を行うために文部省体育局が設定・活用した場であり，政策形成の場①と政策形成の場②とは必ずしも連結されていなかった．

　形成期には，次の9つの政策形成の場が設定・活用された．政策形成の場④〈スポーツ振興に関する懇談会〉は，遠藤リポートがまとめられた場である．政策形成の場⑤〈スポーツ立国調査会〉は，遠藤リポートをオーソライズするために自民党政務調査会に設定された場である．政策形成の場⑥〈スポーツ議員連盟の新スポーツ振興法制定PT〉は，自民党案であった遠藤リポートを超党派の政策案にするために設定された場であった．いずれも議員・国会が設定した場であった．政策形成の場⑦〈教育再生会議〉と政策形成の場⑧〈教育再生懇談会〉は，いずれも自民党内閣時に政府がスポーツ基本法制定を提言した際に活用した場であった．

　政策形成の場⑨〈文部科学省スポーツ政策企画室〉，政策形成の場⑩〈民主党スポーツ議員連盟会合〉，政策形成の場⑪〈スポーツ議員連盟のスポーツ基本法制定PT〉の3つは，いずれも民主党内閣時にスポーツ基本法制定のために設定された場である．このうち，政策形成の場⑨は政府によって，政策形成の場⑩と政策形成の場⑪は議員・国会によって設定された場であった．政策形

第7章 結 論 149

表7-4 政策形成の場と設定・活用した参加者

期	場	政府	議員・国会	市民団体
準備期	① スポーツ議員連盟の会合		○	
	② 国会		○	
	③ 保健体育審議会	○		
形成期	④ スポーツ振興に関する懇談会		○	
	⑤ スポーツ立国調査会		○	
	⑥ 新スポーツ振興法制定 PT		○	
	⑦ 教育再生会議	○		
	⑧ 教育再生懇談会	○		
	⑨ 文部科学省スポーツ政策企画室	○		
	⑩ 民主党スポーツ議員連盟会合		○	
	⑪ スポーツ議員連盟のスポーツ基本法制定 PT		○	
	② 国会		○	
実現期	⑫ 内閣官房2020五輪・パラリンピック東京大会推進室	○		
	⑬ 文科省のスポーツ庁のあり方について検討するタスクフォース	○		
	② 国会		○	

成の場②〈国会〉は,「スポーツ基本法案」が国会・議員によって決定・正当化された場である.

　実現期には次の3つの場が設けられた.政策形成の場⑫〈内閣官房2020五輪・パラリンピック東京大会推進室〉,政策形成の場⑬〈文科省のスポーツ庁のあり方について検討するタスクフォース〉,政策形成の場②〈国会〉の3つが設定・活用された.政策形成の場⑫〈内閣官房2020年オリンピック・パラリンピック東京大会推進室〉は,2020年東京五輪・パラリンピックの決定を受けて,政府によって設定された場である.政策形成の場⑬〈文科省のスポーツ庁のあり方について検討するタスクフォース〉は,スポーツ基本法制定と東京五輪・パラリンピックの決定を受けて,スポーツ庁設置に舵を切った文部科学省によって設定された場である.政策形成の場②〈国会〉は,「スポーツ庁設置法案」

が議員・国会によって決定・正当化された場である.

　以上の事例が示すように, 13の政策形成の場において問題が認識・定義され, 政策案が生成・特定化され, 政治が生成・展開され, 最終的に政策が決定・正当化された. 政府, 議員・国会, 市民団体の各参加者は, いずれも自らのために設けられた複数の政策形成の場に関わっている. これら政策形成の場は, 準備期, 形成期, 実現期へと進展するにつれて, 議員・国会による場から政府による場へと遷移した.[7)]

6 【発見事実6】政策アクティビストは, 複数の政策形成の場を重層的に連結した

　上掲の表7-4は, 事例における政策形成の場を示したものであった. 形成期の政策形成の場④〈スポーツ振興に関する懇談会〉, 政策形成の場⑤〈スポーツ立国調査会〉, 政策形成の場⑥〈スポーツ議員連盟の新スポーツ振興法制定PT〉の3つは, すべて政策アクティビストである遠藤利明議員が自ら設定もしくは設定を根回しし, 彼が座長もしくは事務局長として参加した場である. したがって, 政策形成の場④, 政策形成の場⑤, 政策形成の場⑥は, 遠藤によって連結されていた.

　以上の事例が示すように, 政策アクティビストは, 自ら設定した政策形成の場だけでなく, 既に存在する政策形成の場を含む複数の政策形成の場を重層的に連結する. そして連結された政策形成の場において, 特定の問題を他の参加者に注目させる, 自らが得意とする政策案を推し進める, あるいは政策の決定・正当化にプラスの影響を及ぼす政治を生成・展開するのである.[8)]

　この政策形成の場は単独で存在するのではない. ① 政策アクティビストを含む参加者の他の政策形成の場への移動, ② 特定の参加者による複数の政策形成の場への同時的な関与, ③ 政策形成の場自体の相互作用等によって, 複数の政策形成の場は重層的に連結されている. 異なった誘因と資源をもった各参加者は, この政策形成の場を通じた相互作用によって, 対立を乗り越え, 政策という新たな知識を創造するのである.[9)]

第7章 結 論 151

7 【発見事実7】国民のスポーツへの低い関心は，問題の認識・定義を遅らせ
　た

　現代日本における国民の広義の「文化」への関心はより高い．こうした「文
化」への関心の高さを反映して，① 芸術創作活動の振興，② 文化財の保護，
③ 著作権等の保護，④ 国語の改善・普及，⑤ 宗教に関する行政，⑥ 国際文化
交流の振興等の問題は，第 2 次大戦後，絶えず認識・定義されてきた．これを
受けて，国は，2015年10月のスポーツ庁設置より約50年前の1968年 6 月，文化
庁を文部省の外局として設置した．2021年度の文化庁予算は1074億5000万円で
あり，文部科学省予算の約2.03％を占めており，職員数は279人であった．[10]

　他方，【発見事実 3 】において述べたように，国民の① 学校体育，② 健康ス
ポーツ，③ 競技スポーツ，④ スポーツの国際交流等への関心は，文化への関
心に比して低い[11]．こうした「スポーツ」への関心の低さを反映して，問題③〈新
スポーツ振興法の制定〉と問題④〈スポーツ省（庁）の設置〉が認識・定義さ
れたのは，文化庁設置から約40年が経過した2007年 8 月に発表された「遠藤リ
ポート」においてである．

8 【発見事実8】政策アクティビストが政策形成の契機となる問題を認識・定
　義するとともに，参加者にその問題を理解させた

　政策アクティビストである遠藤利明文科省副大臣は，自らの私的諮問機関で
ある「スポーツ振興に関する懇談会」を設置した．2006年12月，懇談会は「遠
藤リポート」をとりまとめ，スポーツ省（庁）の設置，新スポーツ振興法の制
定，スポーツ予算の拡充を提言した．すなわち，遠藤議員は，問題①〈2016東
京五輪・パラリンピック招致〉，問題③〈新スポーツ振興法の制定〉，問題④〈ス
ポーツ省（庁）の設置〉の 3 つを認識・定義するとともに，政府（都），議員・
国会，市民団体（体協，JOC）に理解させた．

　その際，遠藤議員は，問題①〈2016東京五輪・パラリンピック招致〉，問題
③〈新スポーツ振興法の制定〉，問題④〈スポーツ省（庁）の設置〉の 3 つの
関係について次のように述べている．

表 7-5　アジェンダ

期	問題	問題を理解し解決を支持した参加者
準備期	① 2016東京五輪・パラリンピック招致	政府（都），議員・国会，市民団体（JOC）
	② トップアスリートの公的支援	議員・国会，市民団体（体協，JOC）
形成期	③ 新スポーツ振興法の制定	議員・国会，市民団体（体協，JOC）
	④ スポーツ省（庁）の設置	議員・国会，市民団体（体協，JOC）
実現期	⑤ スポーツ庁設置法の制定	政府，議員・国会，市民団体（体協，JOC）
	⑥ 2020東京五輪・パラリンピック開催準備	政府（都），議員・国会，市民団体（JOC）

　　文部科学副大臣としてつくった「スポーツ振興に関する懇談会」で既に，
　　スポーツ庁を作るためにはスポーツ基本法が必要になり，起爆剤となるの
　　はオリンピックだと考えたわけです[12]．

　すなわち，遠藤議員は以下のように考えていた．第一に，スポーツのプレゼンスを高めるためには，スポーツ省（庁）を設置する必要がある．第二に，スポーツ省（庁）設置の裏付けとなる新スポーツ振興法を制定する必要がある．第三に，新スポーツ振興法を制定するための起爆剤として，2016東京五輪・パラリンピックを招致する必要がある[13]．

　アジェンダを構成する問題は，表 7-5 に示すとおりである．準備期において，アジェンダであるスポーツ庁設置に関連して，問題①〈2016東京五輪・パラリンピック招致〉が認識・定義されるとともに，政府（都），議員・国会，市民団体（JOC）がその解決を支持した．さらに，問題②〈トップアスリートの公的支援〉が認識・定義されるとともに，議員・国会，市民団体（体協，JOC）がその解決を支持した．

　次の形成期において，問題③〈新スポーツ振興法の制定〉と問題④〈スポーツ省（庁）の設置〉がそれぞれ認識・定義されるとともに，議員・国会と市民団体（体協，JOC）がその解決を支持した．

　最後の実現期において，問題⑤〈スポーツ庁設置法の制定〉が認識・定義されるとともに，政府，議員・国会，市民団体（体協，JOC）がその解決を支持し

た．さらに，問題⑥〈2020東京五輪・パラリンピック開催準備〉が認識・定義されるとともに，政府（都），議員・国会，市民団体（JOC）がその解決を支持した．

9 【発見事実9】アジェンダを構成するすべての問題は相互に関連しており，
　いくつかの問題の相互関連性は特に高かった

　図7-1は，アジェンダを構成する6つの問題の重要性の大小および相互関係を示したものである．なお図7-1の問題の丸の大きさは重要性の大小を，問題間の矢印の種類は結び付きの強弱をそれぞれ表している．

　問題の重要性の大小に関しては，問題①〈2016東京五輪・パラリンピック招致〉，問題③〈新スポーツ振興法の制定〉，問題④〈スポーツ省（庁）の設置〉，問題⑥〈2020東京五輪・パラリンピック開催準備〉，問題⑤〈スポーツ庁設置法の制定〉の5つはいずれも大きく，問題②〈トップアスリートの公的支援〉は小さい．

　問題の相互関係に関しては，問題③〈新スポーツ振興法の制定〉，問題①〈2016東京五輪・パラリンピック招致〉，問題④〈スポーツ省（庁）の設置〉は，上述のように相互に非常に密接に結び付いている．

　問題①〈2016東京五輪・パラリンピック招致〉と問題⑥〈2020東京五輪・パラリンピック開催準備〉の2つ，問題④〈スポーツ省（庁）の設置〉，問題⑤〈スポーツ庁設置法の制定〉の2つは，それぞれほぼ同じ内容であり，相互の結び付きは強い．

　他方，問題②〈トップアスリートの公的支援〉の問題①〈2016東京五輪・パラリンピック招致〉，問題③〈新スポーツ振興法の制定〉，問題④〈スポーツ省（庁）の設置〉，問題⑤〈スポーツ庁設置法の制定，問題⑥〈2020東京五輪・パラリンピック開催準備〉の5つとの相互の結び付きはいずれも弱い．

　以上の事例が示すように，アジェンダを構成する各問題は，まず，政策アクティビスト等の参加者によって認識・定義される．同時に各問題は，認識・定義した参加者だけでなく，他の多くの参加者によってその解決が支持される．

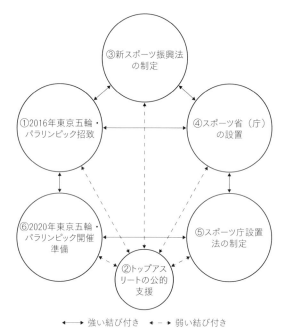

図7-1　6つの問題の重要性の大小と関連の強弱

その解決が多くの参加者によって支持される際には，重要性の大きいいくつかの問題の相互関連性は特に高いことが多い．[14]

10【発見事実10】特定の政策案が，形成期において融和された

　スポーツ庁設置の場合，融和された政策案は，2007年8月に遠藤文科副大臣がまとめた「遠藤リポート」である．そのなかで，1）スポーツ振興法には国の責務を明確にしている条項がない，2）スポーツ振興法制定から45年が経過し，社会状況，国民のスポーツに対するニーズ，世界の国際競技力の状況等が著しく変化していること等が指摘され，スポーツ省（庁）の設置，新スポーツ振興法の制定，スポーツ予算の拡充が提言された．[15]

　2008年6月，遠藤リポートをオーソライズするために設置された自民党の政

務調査会の1つである「スポーツ立国調査会」は,「遠藤リポート」とほぼ同一内容の「「スポーツ立国」ニッポンを目指して──国家戦略としてのスポーツ」(中間報告) を発表した.

さらに,2009年4月,スポーツ議員連盟の「新スポーツ振興法制定PT」は,スポーツ振興法の改正よりもスポーツの基本理念をうたったスポーツ基本法を制定すべきであるとの答申 (中間報告) を発表した.この答申を契機に,「新スポーツ振興法の制定」から「スポーツ基本法の制定」へと流れが変わり,議論は大きく進展した.

このようにスポーツ政策を考える際の「バイブル」となった「遠藤リポート」は,スポーツ基本法制定 (2011年6月) の端緒となり,最終的にスポーツ庁設置法制定 (2015年5月) を促進した.

政策アクティビストの遠藤利明議員は,この自らの画期的な内容の「遠藤リポート」を,事実上自らが設置した自民党のスポーツ立国調査会とスポーツ議員連盟の「新スポーツ振興法制定PT」に,それぞれ検討させ「融和」させたのである.

以上の事例が示すように,政策アクティビストは,政策案をめぐる議論を開始し,自らの得意な政策案を多くの異なった政策形成の場で推し進める.その際彼らは,① 政策変化に抵抗しがちな政策コミュニティに対する「融和」,② 新しいアイディアに慣れさせたい一般大衆に対する「融和」の双方を試みる.この長い融和のプロセスが政策形成システムには不可欠である.長い融和のプロセスを確保するためには,特定の政策案が政策形成の早い時期に生成・特定化される必要がある[16].

本事例においては,準備期ではなく形成期の早い時期に生成・特定化された「遠藤リポート」が融和されたのである.

11【発見事実11】新たな政策案が,全期にわたり追加・洗練された

スポーツ庁設置に関する主要な14の政策案 (「政策案そのもの」と「政策案の生成・特定化の活動」) は,表7-6に示すとおりである.以下これら14の政策案のうち

表 7-6　スポーツ庁設置に関する主要な政策案の追加・洗練

期	政策案
準備期	② 竹下首相の要請による「スポーツ振興に関する懇談会」報告書
形成期	⑥ 懇談会「「スポーツ立国」ニッポン」
	⑦ 教育再生会議「第3次報告」
	⑧ スポーツ立国調査会「「スポーツ立国」ニッポンを目指して」（中間報告）
	⑨ スポーツ議員連盟「スポーツ基本法に関する論点整理」
	⑩ 教育再生懇談会「第4次報告」
	⑫ 文部科学省の「スポーツ立国戦略」
	⑭ スポーツ基本法案
実現期	⑮ 文部科学省のスポーツ基本計画の策定
	⑯ 文部科学省の「スポーツ庁の調査研究事業」
	⑰ 自民党公約「スポーツ庁，スポーツ大臣の新設」
	⑱ 安倍首相の下村文科相への「スポーツ庁設置の検討」指示
	⑳ スポーツ議連の「スポーツ庁の創設」の議論と PT の報告書
	㉑ 「スポーツ庁設置法案」（成立）

特に重要な5つの政策案について説明する.

　政策案②〈竹下首相の要請による「スポーツ振興に関する懇談会」報告書〉は，上述のように，1988年3月，竹下登首相の要請により設置された「スポーツの振興に関する懇談会」の報告書である. そのなかで，「中央のスポーツ行政組織については，当面，文科省の担当部局の強化充実を図り，将来は，行政改革の動向も勘案し，スポーツ省の設置を目指すべきである」ことを明記した. これがスポーツ庁設置に関する議論の最初であった. ただし，このスポーツ庁設置への言及は，1988年開催のソウル五輪に触発されたものであり，政策案としては極めて不十分なものであった.

　政策案⑥〈懇談会「「スポーツ立国」ニッポン」〉は，政策案②〈竹下首相の要請による「スポーツ振興に関する懇談会」報告書〉から19年後に生成・特定化された政策案であった. そのなかで，「国家がスポーツに対して最終的な責任をもつために，現在複数の省庁が行っているスポーツ行政を統合・一元化し

たスポーツ省（庁）を設置し，スポーツ担当大臣を配置する」ことを明記した．この政策案⑥は，政策案②と比較して，スポーツ庁設置の必要性と具体的内容を示した本格的な政策案であった．

政策案⑭〈スポーツ基本法案〉の付則第2条は，「政府は，スポーツに関する施策を総合的に推進するため，スポーツ庁及びスポーツに関する審議会の設置等行政組織の在り方について，政府の行政改革の基本方針との整合性に配慮して検討を加え，その結果に基づき必要な措置を講ずるものとする」である．この付則は，行政改革のなかで新たな庁をつくることへの全党の賛成を得るために「整合性に配慮しながら慎重に」生成・特定化された政策案であった[17]．

政策案⑯〈文部科学省の「スポーツ庁の調査研究事業」〉による報告書は，スポーツ庁設置に関する① 内閣府集約型，② 内閣府連携型，③ 文部科学省集約型，④ 文部科学省連携型の4つのパターンを提示するとともに，それぞれの特徴，メリット，課題・論点を整理した極めて詳細な政策案である．したがって，政策案⑯による報告書は，次の政策案㉑の法律案骨子といえるものであった．

政策案㉑〈スポーツ庁設置法案（成立）〉は，スポーツ政策を国家戦略とするスポーツ基本法からスタートし，① 複数の省庁にまたがる従来のスポーツ行政の一元化，② 関係省庁やスポーツ関連団体と連携したトップスポーツと地域スポーツの推進を目的としている．この政策案㉑は，最終的に決定・正当化された．

以上のように，新たな政策案が，全期にわたり追加・洗練された．このように参加者とりわけ政策アクティビストによって複数の政策案が追加・洗練されることで，最終的に決定・正当化された「スポーツ庁設置法案（成立）」の適用範囲が拡大されると同時に，さまざまな政策案の内容が統合された[18]．

事例が示す「政策案を洗練する」とは具体的に次のような活動を指している．政策アクティビストは，自らが得意とする政策案を補完する他のさまざまな政策案を探索して，政策案のリストである政策状況を構成しようとする．その際，政策アクティビストは，他の政策分野で有効であると考えられている政策案を

模倣して適用する，複数の政策案を結合することで政策案の適用範囲を拡大する，あるいは複数の政策案を統合してより有効な政策状況を創造する．この洗練化のプロセスを経て，政策案および政策状況は，その有効性を次第に高めていくと考えられる[19]．

12【発見事実12】（1）技術的実行可能性が高く，（2）政策コミュニティの価値受容性が高く，（3）コストが許容範囲内に収まり，（4）議員に支持され，（5）一般市民に黙認される政策案が，実現期において生成・特定化された

政策案が具体化・特定化されるためには，次の5つの規準を満たす必要がある．すなわち，① 技術的実行可能性，② 政策コミュニティの価値受容性，③ 許容範囲内のコスト，④ 議員の支持，⑤ 一般市民の黙認の5つである．① 技術的実行可能性とは，価値観やコストを考慮しない場合には，ある政策案が実行可能であることを指す．② 政策コミュニティの価値受容性とは，政策案が政策コミュニティの専門家の価値に照らして受け容れられるものでなければならないことを指す．③ 許容範囲内のコストとは，政策案が実行される際のコストが予算制約の範囲に収まらなければならないことを指す．④ 議員の支持とは，政策案が選挙で選任される政治家の支持を得られるものでなければならないことを指す．⑤ 一般市民の黙認とは，政策案が一般大衆や専門家に反対されないことを指す[20]．

事例の最終的に決定・正当化された「スポーツ庁設置法案」が，上述の5つの存続規準をどのように満たしているかについては，表7-7に示すとおりである．

（1）技術的実行可能性に関しては，① 内閣府ではなく従来からスポーツ行政を担ってきた文部科学省の外局として設置する，②「省」ではなく「庁」になることで他省庁への協力依頼が容易である等，実行可能性は高かった．（2）政策コミュニティの価値受容性に関しては，① スポーツ庁設置はスポーツ基本法の付則に明記されており，② 2020年東京五輪・パラリンピックの準備の

第 7 章 結 論 159

表 7-7 5つの存続規準を満たすスポーツ庁設置法案

政策案の存続規準	スポーツ庁設置法案
(1) 技術的実行可能性	① 内閣府ではなく, 従来からスポーツ行政を担ってきた文科省の外局として設置, ②「省」ではなく「庁」となることで他省庁への協力依頼が容易
(2) 政策コミュニティの価値受容性	① スポーツ基本法の付則に明記, ② 2020年東京五輪・パラリンピックの準備の一環
(3) 許容範囲内のコスト	文部科学省内のスポーツ・青年局を母体に厚労省・経産省・国交省等からの121人の職員で構成され, 行政改革の基本方針と整合
(4) 議員の支持	スポーツ議員連盟の「スポーツ庁創設に向けた PT」の報告書の存在
(5) 一般市民の黙認	① 複数の省庁にまたがるスポーツ行政の一体化を歓迎, ② スポーツへの低い関心

一環として捉えられ, 政策コミュニティの価値受容性は高かった.（3）許容範囲内のコストに関しては, 文部科学省内のスポーツ・青年局を母体に厚労省・経産省・国交省等からの121人の職員で構成され, 約6億円の予算が計上され, 行政改革の基本方針とも整合していた.（4）議員の支持に関しては, スポーツ議員連盟の「スポーツ庁創設に向けた PT」の報告書が存在していた.（5）一般市民 (国民) の黙認に関しては, ① 複数の省庁にまたがるスポーツ行政の一体化は歓迎されていた, ② 一般市民のスポーツ, 特にスポーツ行政への関心は低いままであった.

事例が示すように, 5つの存続規準を満たすスポーツ庁設置法案が, 実現期において生成・特定化され, 最終的に決定・正当化された.

政策案に関して, 1）特定の政策案の形成期における融和, 2）新たな政策案の全期にわたる追加・洗練, 3）5つの存続規準を満たす政策案の実現期における生成・特定化の3つの事実が発見された. これら3つの事実が示すのは, 複数の政策案 (政策状況) が十分な内容を備えるとともに相互に関連し統合されている必要がある点である[21].

13【発見事実13】（1）政府関係者の交替，（2）政府内部の管轄争い，（3）利益集団の活動の複数の政治が，スポーツ政策形成にプラスの影響を及ぼした

　事例における政治の内訳および政治のスポーツ庁設置への影響は，表7-8に示すとおりである．

　上述のように，政治は，①政府関係者の交替，②政府内部の管轄争い，③利益集団の活動，④国民のムードの変化の4つからなっている．第2列に示す政治の内訳に関しては，次のとおりである．

　政治③〈麻生内閣の存続〉，④〈民主党内閣の存続〉，⑥〈安倍内閣の存続〉の3つは「政府関係者の交替」に対応する．政治②〈スポーツ政策形成の文部科学省の行政官僚主導からスポーツ議員連盟等の政治優位・政治主導への変化〉は「政府内の管轄争い」に対応する．政治①〈スポーツ議員連盟結成〉と⑤〈民主党スポーツ議員連盟結成〉の2つは「利益集団の活動」に対応する．なお事例においては，④国民のムードの変化に対応する政治は存在しない．

　第3列の政治の影響に関しては，次のとおりである．スポーツ庁設置にプラスの大きな影響を及ぼした政治（++）は，準備期における政治②〈スポーツ政策形成の文部科学省の行政官僚主導からスポーツ議員連盟等の政治優位・政治主導への変化〉，形成期における政治④〈民主党内閣の存続〉，実現期における政治⑥〈安倍内閣の存続〉の3つであった．他方，スポーツ庁設置にプラスの影響を及ぼした政治（+）は，準備期における政治①〈スポーツ議員連盟結成〉，形成期における政治③〈麻生内閣の存続〉と政治⑤〈民主党スポーツ議員連盟結成〉の3つであった．

　以上の事例が示すように，1）スポーツ庁設置の実現にマイナスの影響を及ぼした政治は1つもなく，すべてプラスの影響を及ぼした政治が，全史を通じて次々と生成・展開され，2）したがって，これら政治のリストである政治状況は，スポーツ庁設置に対してプラスの極めて大きな影響を及ぼしたことが明らかになった．これら2つの事実が示すのは，複数の政治（政治状況）が十分な内容を備えるとともに相互に関連し統合されている必要がある点である[22]．

表7-8　政治の内訳とスポーツ庁設置への影響

期	政治	内訳	スポーツ庁設置への影響
準備期	① スポーツ議員連盟結成	利益集団の活動	+
	② スポーツ政策形成の文部科学省の行政官僚主導からスポーツ議員連盟等の政治優位・政治主導への変化	政府内部の管轄争い	++
形成期	③ 麻生内閣の存続	政府関係者の交替	+
	④ 民主党内閣の存続	政府関係者の交替	++
	⑤ 民主党スポーツ議員連盟結成	利益集団の活動	+
実現期	⑥安倍内閣の存続	政府関係者の交替	++

注：政治のスポーツ庁設置に対する影響に関して，＋＋はプラスの大きな影響，＋はプラスの影響をそれぞれ指している．

14【発見事実14】複数の政治が，形成期と実現期を短縮した

　事例においては，準備期は，1947年8月のスポーツ議員連盟結成から2006年12月の「スポーツ振興に関する懇談会」設置前までの約60年と長い．他方，形成期は，2006年12月の「スポーツ振興に関する懇談会」設置後から2011年6月の「スポーツ基本法案」成立までの約4年半と短い．同様に，実現期も，2011年6月の「スポーツ基本法案」成立後から2015年5月の「スポーツ庁設置法案」成立までの約4年と短い．このため，形成期と実現期と合わせても約8年半と短い．

　準備期の最終段階の1998年5月，スポーツ振興くじ法案が議員立法で成立した．このスポーツ振興くじ法の制定は，政治②〈スポーツ政策形成の文部科学省の行政官僚主導からスポーツ議員連盟等の政治優位・政治主導への変化〉を生成・展開した．このため，2000年9月，文部省は，スポーツ振興法制定以来，37年間一度も策定してこなかったスポーツ振興基本計画を初めて策定せざるを得なかった．さらに，形成期の2007年8月，遠藤文科副大臣が設置したスポーツ振興に関する懇談会が「『スポーツ立国』ニッポン」を提言した．2010年6月，民主党内閣の鈴木寛文科副大臣の主導で文部科学省は「スポーツ立国戦略」

を策定した. 最終的に, 2011年6月, スポーツ基本法が議員立法で制定された.

実現期の2012年10月, 自民党は, 第46回衆議院選挙の公約で「スポーツ庁・スポーツ大臣の新設」をうたった. 同年12月, 第2次安倍自民党内閣が発足した. 内閣発足直後に, 安倍首相は, 下村博文文科相に「スポーツ庁設置の検討」を指示した. さらに, 2013年9月, 2020年東京五輪・パラリンピック開催が決定した. これを受けて, 政府は, 記者会見で「スポーツ政策を一体的に推進するにはどのような行政組織が最適か検討する必要がある」と述べた. これ以降, 安倍首相の主導で, 政策(スポーツ庁設置)の決定・正当化が粛々と進められた.

以上のように, 政治②〈スポーツ政策形成の文部科学省の行政官僚主導からスポーツ議員連盟等の政治優位・政治主導への変化〉は, 既に生成・展開されていた政治①〈スポーツ議員連盟結成〉, その後に生成・展開された政治③〈麻生内閣の存続〉, ④〈民主党内閣の存続〉, ⑤〈民主党スポーツ議員連盟結成〉, ⑥〈安倍内閣の存続〉の5つの政治とともに, スポーツ庁設置の政策形成における形成期と実現期をわずか約8年半に短縮したのである.

15【発見事実15】問題の窓と政治の窓が複数開いたことにより, スポーツ政策形成が進展した

事例においては, 準備期に3つ, 形成期に3つ, 実現期に3つの全部で9つ政策の窓が開いた. 1)政策の窓の開放を契機に認識・定義された問題もしくは生成・展開された政治, 2)これら問題もしくは政治にともない生成・特定化された政策案, 3)政策アクティビストによる部分的なパッケージの構成の3つの関係を示したものが表7-9である. 以下これらの関係について説明する.

準備期の問題の窓①〈都議会による2016東京五輪・パラリンピック招致決議〉は, 問題①〈2016東京五輪・パラリンピック招致〉を認識・定義させた. しかし, この問題①は, 政策案を生成・特定化させることはなかった. その結果, 政策アクティビストによって部分的なパッケージが構成されることはなかった.

準備期の問題の窓②〈トリノ冬季五輪日本チームの惨敗〉は, 問題②〈トッ

表 7−9 政策の窓の開放による問題／政策／政治／政策と部分的なパッケージ構成への貢献

	準備期 (1947年8月〜2006年12月)		形成期 (2006年12月〜2011年6月)				実現期 (2011年6月〜2015年5月)		
政策の窓	問題の窓①〈都議会による2016東京五輪・パラリンピック招致決議〉	問題の窓②〈トリノ冬季五輪日本チームの惨敗〉	政治の窓①〈スポーツ振興くじ法案の成立〉	問題の窓③〈スポーツ振興に関する懇談会の設置〉	政治の窓②〈麻生内閣の発足〉	政治の窓③〈民主党内閣の発足〉	問題の窓④〈スポーツ基本法案の成立〉	政治の窓④〈第2次安倍内閣の発足〉	問題の窓⑤〈2020年東京五輪・パラリンピック開催決定〉
問題／政治	問題①〈2016東京五輪・パラリンピック招致〉	問題②〈トップアスリートの公的支援〉	政治②〈スポーツ政策形成の文部科学省の行政官僚主導からスポーツ議員連盟等の政治優位・政治主導への変化〉	問題③〈新スポーツ振興法の制定〉、問題④〈スポーツ省（庁）の設置〉	政治③〈麻生内閣の存続〉	政治④〈民主党内閣の存続〉	問題⑤〈スポーツ庁設置法の制定〉	政治⑥〈安倍内閣の存続〉	問題⑥〈2020東京五輪・パラリンピック開催準備編〉
政策案	④スポーツ振興基本計画策定、⑤スポーツ振興基本計画改訂		⑥懇談会「スポーツ立国ニッポン」、⑦教育再生会議[第3次報告]、⑧スポーツ立国調査会「スポーツ立国ニッポンを目指して」⑨(中間報告)、スポーツ議員連盟「スポーツ基本法に関する論点整理」、⑩教育再生懇談会[第4次報告]		⑪自民党・公明党スポーツ基本法案、⑬民主党スポーツ基本法案、⑭スポーツ基本法案		⑫文部科学省の「スポーツ立国戦略」、⑮文部科学省のスポーツ基本計画の策定、⑯文部科学省の「スポーツ庁の調査研究事業」、⑰自民党公約[スポーツ庁、スポーツ大臣の新設]		⑱安倍首相の下村文科相への「スポーツ庁設置の検討」指示、⑲内閣官房への[2020五輪・パラリンピック東京大会推進室]設置、⑳スポーツ議員連盟の[スポーツ庁の創設]の議論とPTの創設]、㉑議論と党公約書、㉒スポーツ庁設置法案(成立)
政策アクティビスト	部分的なパッケージを構成せず		問題と政策の部分的なパッケージの構成		政治と政策案の部分的なパッケージの構成	問題と政策の部分的なパッケージの構成	政策と政策案の部分的なパッケージの構成		部分的なパッケージを構成せず

プアスリートの公的支援〉を認識・定義させた．しかし，この問題②は，政策案を生成・特定化させることはなかった．その結果，政策アクティビストによって部分的なパッケージが構成されることはなかった．

準備期の政治の窓①〈スポーツ振興くじ法案の成立〉は，政治②〈スポーツ政策形成の文部科学省の行政官僚主導からスポーツ議員連盟等の政治優位・政治主導への変化〉を生成・展開させた．この政治②は，準備期に2つの政策案を生成・特定化させた．その結果，政策アクティビストによって政治と政策案の部分的なパッケージが構成された．

形成期の問題の窓③〈スポーツ振興に関する懇談会の設置〉は，問題③〈新スポーツ振興法の制定〉と問題④〈スポーツ省（庁）の設置〉の2つを認識・定義させた．この問題③と問題④は，形成期に5つの政策案を生成・特定化させた．その結果，政策アクティビストによって問題と政策案の部分的なパッケージが構成された．

形成期の政治の窓②〈麻生内閣の発足〉は，政治③〈麻生内閣の存続〉を生成・展開させた．この政治③は，形成期に1つの政策案を生成・特定化させた．その結果，政策アクティビストによって政治と政策案の部分的なパッケージが構成された．

形成期の政治の窓③〈民主党内閣の発足〉は，政治④〈民主党内閣の存続〉を生成・展開させた．この政治④は，形成期に3つの政策案を生成・特定化させた．その結果，政策アクティビストによって政治と政策案の部分的なパッケージが構成された．

実現期の問題の窓④〈スポーツ基本法案の成立〉は，問題⑤〈スポーツ庁設置法の制定〉を認識・定義させた．この問題⑤は，実現期に3つの政策案を生成・特定化させた．その結果，政策アクティビストによって問題と政策案の部分的なパッケージが構成された．

実現期の政治の窓④〈第2次安倍内閣の発足〉は，政治⑥〈安倍内閣の存続〉を生成・展開させた．しかし，この政治⑥は，政策案を生成・特定化させることはなかった．その結果，政策アクティビストによって部分的なパッケージが

第7章 結　　論　165

構成されることはなかった.

　実現期の問題の窓⑤〈2020年東京五輪・パラリンピック開催決定〉は, 問題
⑥〈2020年東京五輪・パラリンピック開催準備〉を認識・定義させた. この問
題⑥は, 実現期に4つの政策案を生成・特定化させた. その結果, 政策アクティ
ビストによって問題と政策案の部分的なパッケージが構成された.

　以上のように9つの政策の窓の開放は, 6つの問題を認識・定義させ, 4つ
の政治を生成・展開させた. これらの問題と政治は, 全部で18の政策案を生成・
特定化させた. その結果, 政策アクティビストによって問題と政策案の部分的
なパッケージ, もしくは政治と政策案の部分的なパッケージが構成され, 政策
形成が進展した.

　政府内部と周辺の政策アクティビストは, 自らの政策を進展させるべく政策
の窓の開放を待っている. 政策の窓の開放によって, 政策アクティビストは問
題, 政策案, 政治の3つの部分的あるいは完全なパッケージを構成するので
ある.[23]

16【発見事実16】スポーツ政策形成は, 政策アクティビストがアジェンダ, 政
　　策状況, 政治状況を結び付け完全なパッケージを構成することにより実現
　　した

　以上の事例の分析結果より, 発見事実1〜4 (参加者), 発見事実5〜6 (政
策形成の場), 発見事実7〜9 (問題), 発見事実10〜12 (政策案), 発見事実13〜
14 (政治), 発見事実15 (政策アクティビスト) が導出された. これらスポーツ政
策形成に関する15の発見事実は, 最終的に発見事実16 (アクティビストによる結び
付け) に収斂する.

　実現期末のアジェンダ, 政策状況, 政治状況はそれぞれ次のとおりであった.
　アジェンダは, 問題①〈2016東京五輪・パラリンピック招致〉, 問題②〈トッ
プアスリートの公的支援〉, 問題④〈スポーツ省 (庁) の設置〉, 問題③〈新ス
ポーツ振興法の制定〉, 問題⑤〈スポーツ庁設置法の制定〉, 問題⑥〈2020東京
五輪・パラリンピック開催準備〉の6つからなっていた. これら6つの問題は,

表7-5と図7-1に示されたように，十分な内容を備え相互に関連し統合されており，アジェンダは，当該政策の多くの参加者によってその解決が支持されていた．

政策状況は，政策案㉑〈スポーツ庁設置法案（成立）〉を含む全部で21からなっていた．このうち政策案⑥〈懇談会「「スポーツ立国」ニッポン」〉は，形成期において融和された．そして，表7-6に示されたように，政策形成が進展するにつれて，新たな政策案が追加・洗練された．この複数の政策案が追加・洗練されることで，〈スポーツ庁設置法案（成立）〉の適用範囲が拡大すると同時に，さまざまな政策案の内容が統合された．さらに，表7-7に示されたように，〈スポーツ庁設置法案（成立）〉は5つの存続規準を満たしていた．

政治状況は，政治①〈スポーツ議員連盟結成〉，②〈スポーツ政策形成の文部科学省の行政官僚主導からスポーツ議員連盟等の政治優位・政治主導への変化〉，③〈麻生内閣の存続〉，④〈民主党内閣の存続〉，⑤〈民主党スポーツ議員連盟結成〉，⑥〈安倍内閣の存続〉の全部で6つからなっていた．これら6つの政治は，表7-8に示されたように，十分な内容を備え相互に関連し統合されており，政治状況は，当該政策の形成に対してプラスの極めて大きな影響を及ぼしていた．

以上の説明からも明らかなように，実現期末のアジェンダ，政策状況，政治状況は，政策アクティビストによって1つに結び付けられ完全なパッケージを構成する準備ができていたといえる．この3つの知識資産が完全なパッケージを構成した結果，当該政策であるスポーツ庁設置が決定・正当化されて，実現したのである．

政策アクティビストに関して，1）複数の政策の窓の開放による政策形成の進展，2）アジェンダ，政策状況，政治状況の完全なパッケージによる政策の実現可能性の高まり，の2つの事実が発見された．これら2つの事実が示すのは，政策アクティビストが政策の窓の開放を認識し，3つの知識資産であるアジェンダ，政策状況，政治状況を能動的に結び付けようとする点である[24]．

図7-2は，事例より析出された16の発見事実の相互関係を示したものである．

第 7 章 結　論　167

図 7-2　発見事実の相互関係

II ▶ スポーツ庁設置の評価すべき点と問題点

スポーツ庁設置の政策形成は，現代日本のスポーツに対していかなる結果をもたらしたのであろうか．表7-10は，スポーツ庁設置の評価すべき点と問題点を示している．

評価すべき点としては，次の3つがあげられる．

第1に，国の責任によるスポーツ政策の推進を明確化したことである．遠藤議員は，スポーツ庁創設の意義に関して次のように述べている．

> スポーツ庁創設で日本はどう変わるのか？ 一番大きいのは，スポーツは国民生活にとって大事なものであって，国が責任をもってスポーツ政策を推進するということを明快に示すことだと思っている．たとえば，消費者庁，観光庁，水産庁，林野庁，文化庁，などと同じような形になる．今まで国もスポーツ政策をやっていますといいながら，今ひとつ明快なステータスがなかった．やっぱり，位置付けとしては，観光政策や文化政策と同様，スポーツ政策は国の主要な政策の1つなのだ．だから，国はスポーツ庁という組織をつくって政策を推進することになる．国の主要な政策と明示するために，スポーツ庁は目に見える位置付けになるだろう[25]．国の機関が新しくできると，雰囲気ががらりと変わる．やっている人のステータスが違うし，周りの評価も大きく違ってくる[26]．

表7-10 スポーツ庁設置の評価すべき点と問題点

評価すべき点	（1）国の責任によるスポーツ政策推進の明確化
	（2）「スポーツ政策の形成」の一元化
	（3）JSCによる公的資金の流れの一元化
問題点	（1）「スポーツ政策の実行」の一元化の未実現
	（2）「スポーツの自治と独立」の後退

第2に,「スポーツ政策の形成」を一元化したことである. 従来, スポーツ政策は, 文部科学省, 厚生労働省, 国土交通省, 経済産業省, 外務省等の複数の省庁にまたがって推進されてきた. スポーツ政策は,「スポーツ政策の形成」と「スポーツ政策の実行」の2つに大別される. このうちの「スポーツ政策の形成」が, スポーツ庁の設置によって一元化された. 実際,「スポーツ政策の形成」を担う設置時のスポーツ庁幹部の半数は, 文部科学省ではない他の省庁の出身者となった.

第3に, 文部科学省所管の独立行政法人日本スポーツ振興センター (JSC) に公的資金の流れを一元化したことである. 従来, 競技団体向けの選手強化に関わる公的資金は, JOC補助金やJSCのスポーツ振興基金助成等のさまざま事業によって配分されてきた. しかし, この公的資金の配分方法は, さまざまな不祥事や不正経理を惹起した. そこで, スポーツ庁設置を契機に, JSCに資金を一元化し, 国においてJOC等の関係団体の知見を活用しながら強化・配分方針を策定するとともに, JSCが国の方針にもとづき競技団体への選手強化費の配分および事業評価を行う. 各競技団体は, 選手強化費の配分を受けて, 日本代表チームの① 強化合宿の実施, ② 国際大会への派遣, ③ ナショナルコーチの設置等を展開する.[27]

問題点としては, 次の2点があげられる.

第1に,「スポーツ政策の実行」の一元化が実現していないことである. 上述のように,「スポーツ政策の形成」は一元化された. しかし,「やはり役所というのは, 自分たちの仕事がどれだけあるかが存在感だから, 権限を放したくはない. それは人事とカネ. それを手放すとなると, 役所はとことん抵抗するだろう[28]」ことが予測された. このため, 関係各省の「スポーツ政策の実行」は一元化されず, 最終的にスポーツ政策全体は統合されなかった. 中村は, スポーツ庁の予算に関して次のように述べている.

> 2015年10月設置のスポーツ庁の予算総額は, 15年度が6億円 (一般行政経費とその他の経費の合計. 100万円以下四捨五入. 以下同様) であるが, それが16年

度概算要求額では一気に297億7000万円に跳ね上がった．その内訳も一般
行政経費が12億7000万円，その他の経費が285億円と後者の増額が目立つ
（「2016年度歳出概算要求額総表」）．後者において「生涯スポーツ社会の実現に
必要な経費」が23億2000万円（うち，日本体育協会補助は5億2000万円）なのに
対して，「国際競技力の向上に必要な経費」は41億2000万円に達している．
また，スポーツ庁予算において，独立行政法人日本スポーツ振興センター
（JSC）運営費が134億3000万円である．スポーツ庁は予算を見る限り事業
官庁ではなく，あくまでも調整・監督官庁である[29]．

第2に，「スポーツの自治と独立」が後退したことである．民間非営利団体
（NPO）であるJOCや競技団体は，「スポーツの自治と独立」の原則を掲げてき
た．しかし，第1の評価すべき点「国の責任によるスポーツ政策推進の明確化」
と第三の評価すべき点「JSCによる公的資金の流れの一元化」により，「スポー
ツの国策化」が進展した[30]．スポーツの国策化は，JOCや競技団体に対して，
競技力を向上し「五輪・パラリンピックでのメダルの量産」をこれまで以上に
求めることになった[31]．「スポーツの自治と独立」の後退は，スポーツ基本法の
理念，精神，目的を具現化するために設置されたスポーツ庁の「逆機能」を表
出化した．

III ▶ 本研究の意義

小島・平本（2022）は，非営利法人制度改革，すなわち，2008年の公益法人
制度改革ならびに2011年のNPO法と寄付税制の改正の2事例を新・政策の窓
モデルにもとづいて分析し，2事例の共通点と相違点に関して発見事実を析出
している[32]．表7-11は，スポーツ庁設置の発見事実と小島・平本（2022）の非営
利法人制度改革の発見事実の相互関係を示している．

表7-11によれば，次の10のスポーツ庁設置の発見事実は，非営利法人制度
改革の発見事実と共通している．すなわち，発見事実1，4，5，6，8，9，

第 7 章　結　　論　　171

表 7-11　スポーツ庁設置と非営利法人制度改革の発見事実の相互関係

スポーツ庁設置に関する発見事実	非営利法人制度改革と共通する発見事実	非営利法人制度改革と相違する発見事実
1　継続的な参加者と一時的な参加者の混在	○	
2　目立つ参加者によるアジェンダ設定，目立つ参加者と目立たない参加者による政策案の生成・特定化		○
3　国民のスポーツへの低い関心による参加者の数の限定		○
4　参加者間で異なる政策形成の誘因と保有する資源	○	
5　複数の政策形成の場の設定	○	
6　アクティビストによる複数の場の重層的な連結	○	
7　国民のスポーツへの低い関心による問題の認識・定義の遅れ		○
8　アクティビストによる問題の認識・定義と理解の促進	○	
9　アジェンダを構成する複数の問題の相互関連性の高さ	○	
10　特定の政策案の形成期における融和		○
11　新たな政策案の全期にわたる追加・洗練	○	
12　5 つの存続規準を満たす政策案の実現期における生成・特定化	○	
13　（1）政府関係者の交替，（2）政府内部の管轄争い，（3）利益集団の活動の政策形成への大きな影響		○
14　形成期と実現期を短縮した複数の政治		
15　複数の政策の窓の開放による政策形成の進展	○	
16　アジェンダ・政策状況・政治状況の相互の結び付き，完全なパッケージの構成，当該政策の決定・正当化	○	

注：○はスポーツ庁設置の発見事実が，非営利法人制度改革の発見事実と共通するか，相違するかを示している．

11，12，15，16である．他方，次の 6 つスポーツ庁設置の発見事実は，非営利法人制度改革の発見事実とは相違しており，現代日本のスポーツ政策形成に固有のものである．すなわち，発見事実 2，3，7，10，13，14である．以下特に相違している 6 つの発見事実について相違点を述べる．

　発見事実 2 に関して，スポーツ庁設置の場合，目立つ参加者によるアジェンダ設定，目立つ参加者と目立たない参加者による政策案の生成・特定化であった．他方，非営利法人制度改革の場合，目立つ参加者によるアジェンダ設定，

目立たない参加者による政策案の生成・特定化であった．

　発見事実3に関して，スポーツ庁設置の場合，国民のスポーツへの低い関心により，参加者の数が限定されていた．他方，非営利法人制度改革の場合，国民の高い関心により，参加者の数ははるかに多かった．

　発見事実7に関して，スポーツ庁設置の場合は，国民のスポーツへの低い関心により，問題は2007年に認識・定義されたにすぎない．他方，非営利法人制度改革の場合，国民の高い関心により，問題は約100年前から間断なく認識・定義されてきた．

　発見事実10に関して，スポーツ庁設置の場合，特定の政策案は形成期に融和された．他方，非営利法人制度改革の場合，特定の政策案は準備期に融和された．

　発見事実13に関して，スポーツ庁設置の場合，（1）政府関係者の交替，（2）政府内部の管轄争い，（3）利益集団の活動の3種類の政治が大きな影響を及ぼした．他方，非営利法人制度改革の場合，（1）政府関係者の交替，（2）政府内部の管轄争い，（3）利益集団の活動，（4）国民のムードの変化の4種類の政治が大きな影響を及ぼした．

　発見事実14に関して，スポーツ庁設置の場合，政治状況のプラスの影響が極めて大きかったため，形成期と実現期は短期間であった．他方，非営利法人制度改革の場合，1）政治状況のプラスの影響は小さかったにもかかわらず，2）国家行政組織の新設をともなわない制度改革であったため，形成期と実現期は短期間であった．

　これら16の発見事実，すなわち，非営利法人制度改革と共通する10の発見事実ならびに相違する6つの発見事実は，全体として現代日本のスポーツ政策形成の特徴を明確に示している．

　本研究の意義は，次の4つである．

　第1の意義は，新・政策の窓モデルにもとづいた事例研究によって，スポーツ庁設置の政策形成の実態を正確に記述・整理し解明した点である．析出された発見事実は全部で16であった．発見事実は，詳細に記述された事例とともに，

スポーツ庁設置が「なぜ」そして「どのように」実現したのかに対する答えになっている．

第2の意義は，第1の意義とも関連するが，新・政策の窓モデルが政策形成の解明に極めて有効な理論的枠組であることを示した点である．上述のように，新・政策モデルは，非営利制度改革だけでなく，政策分野を異にするスポーツ庁設置の政策形成の分析にも適用され，興味ある多くの発見事実が析出された．なお，新・政策の窓モデルにもとづく政策形成の解明には，まず，詳細な事例が記述されなければならない．その際，参加者の行動に関する極めて多くの異なったタイプの変数と膨大なデータが不可欠である．

第3の意義は，現代日本において，スポーツ政策形成に政府，議員・国会，市民がどのように関与するのが適切かに関して，重要な次の5つを示唆した点である．（1）1998年のスポーツ振興くじ法制定を契機に，日本のスポーツ政策形成が，文部科学省の行政官僚主導からスポーツ議員連盟等の政治優位・政治主導へ変化した．政治優位・政治主導は，2011年のスポーツ基本法制定と2015年のスポーツ庁設置法制定の2つに波及した．この波及は今後も継続されるであろう．（2）今後のスポーツ政策形成は，スポーツ基本法の立法趣旨に適うと同時に，政策企画組織であるスポーツ庁が関与して行われる．参加者はこの点を認識し，スポーツ政策形成を展開すべきである．（3）発見事実6「政策アクティビストは複数の政策形成の場を重層的に連結した」は，問題を認識・共有したり，政策案についての知恵を出し合ったりするための共有されたコンテクストである政策形成の場が，複数設定され活用され連結される必要があることを示唆している．（4）発見事実10「特定の政策案が形成期において融和された」と発見事実11「新たな政策案が，全期にわたり追加・洗練された」は，政策形成におけるスポーツ政策のアイディアの重要性を示唆している．（5）発見事実15「問題の窓と政治の窓が複数開いたことにより，スポーツ政策形成が進展した」の示唆は，政策アクティビストは「政策の窓が開いたら好機を活用せよ」ということである．

第4の意義は，スポーツ庁設置の評価すべき点と問題点を明らかにした点で

ある．このうち，表7-10に示された2つの重要な問題点である(1)「スポーツ政策の実行」の一元化の未実現と(2)「スポーツの自治と独立」の後退は，いずれも可及的速やかに解消される必要がある．

Ⅳ ▶ 今後の課題

本研究の成果は，2023年時点までのデータ収集にもとづいたものである．現代日本のスポーツ政策形成に関する研究は，今後も継続されなくてはならない．その際，次の3つの課題について，分析をいっそう深める必要がある．

第一に，スポーツ庁設置の政策形成に関するより多くのオリジナルデータおよび2次データを収集・分析することである．本研究においては，参加者に対する聴き取り調査は6名にすぎず，オリジナルデータは必ずしも多くない．事例作成に際しては，多くの公刊資料を利用したが，2次データも必ずしも十分ではない．より多くのデータを収集し，本研究で析出されたスポーツ政策形成の発見事実の一般化可能性を高める必要がある．

第二は，事例研究の対象を拡張することである．本研究の分析対象は，スポーツ庁設置である．今後は，① ラグビーワールドカップ2019日本開催決定（2009年），② 日本スポーツ振興センター法改正（2013年），③「体育の日」を「スポーツの日」へ改める改正祝日法案成立（2018年），④ 反ドーピング法案成立（2018年）等のスポーツ政策形成を選択し，より詳細な解明を行う必要がある．

第三は，新・政策の窓モデルを構成する個々の要素のより詳細な検討である．本研究では，新・政策の窓モデルにもとづき，スポーツ庁設置の政策形成の解明を試みた．しかし，新・政策の窓モデルを構成する個々の要素については，必ずしも十分な検討が試みられていない．たとえば，政策アクティビストおよび参加者の役割や行動に関しては，より詳細に検討する余地がある．

注
1）小島・平本（2022），p. 364.

2）*ibid.*, p. 372.

3）遠藤（2014），pp. 68–69.

4）日本における「スポーツと体育の混同」に関しては，友添（2020）.

5）*ibid.*, p. 69.

6）小島・平本（2022），pp. 373–374.

7）*ibid.*, p. 377.

8）*ibid.*, p. 378.

9）*ibid.*, p. 379.

10）文化庁の設置の経緯は次のとおりである．「たまたま，昭和43（1968）年に行政機構の簡素化のため，各省庁の内部部局について一局を削減することが決定されたが，その際文部省においては，主としてヨーロッパ的な芸術文化に関する行政と国語，著作権及び宗教に関する行政を掌握していた文部省の文化局と伝統的な文化の中心をなす文化財の保護行政を所掌していた文部省の外局である文化財保護委員会を統合して，文化庁を設置することとした．これは一省一局削減ということを直接の契機としたものであるが，この機会を積極的に生かして，近年とみに関心が高まってきた文化行政に対する需要に対処するとともに，文化行政を効率的に推進しようとしたものである」．文化庁（1973），p. 1.

11）「スポーツ功労者については，文化功労者の中でのスポーツの業績による者は，これまで20名ほどしかいない」．遠藤（2014），p. 136.

12）遠藤・友添・清水（2012），pp. 25–26.

13）遠藤利明への著者による聴き取り調査（2022年9月6日）．「2011年6月にスポーツ基本法が通り，その後，2013年9月に2020年東京五輪・パラリンピック招致が決定した．この2つがスポーツ庁設置の背景として大きい」，河野一郎への著者による聴き取り調査（2022年10月5日）.

14）*ibid.*

15）遠藤（2014），pp. 53–62.

16）Kingdon（2011），pp. 127–131，小島・平本（2022），p. 388.

17）遠藤（2014），p. 122.

18）小島・平本（2022），p. 390.

19）*ibid.*, p. 393.

20）*ibid.*, pp. 33–34.

21）*ibid.*, p. 396.

22）*ibid.*, p. 405.

23）*ibid.*, p. 411.

24）*ibid.*, p. 415.

25）遠藤（2014），p. 142.

26）*ibid.*, p. 144.

27）スポーツ庁「トップアスリートの強化活動を支援する」（https://www.mext.go.jp/sport
s/b_menu/sports/mcatetop07/list/detail/1372076.htm）.

28）遠藤（2014），p. 139.

29）中村（2016），pp. 97-98.

30）日本において国がスポーツへ介入した悲劇としては，① 1927年の 3・15事件に端を発し
た「思想善導政策」でスポーツが利用されたこと，② 1980年モスクワ五輪でのボイコット
があげられる．

31）小坂（2015），pp. 74-77. 2001年，JOC は，2000年に文部科学省が策定したスポーツ振
興基本計画と連動して，「JOC ゴールドプラン」を策定した．JOC ゴールドプランは，①
ジュニア期からの組織的・計画的な選手育成，② 強化指定選手の一貫指導，③ 新しい指
導法の指導者への教授等により，オリンピックのメダル獲得数の倍増を目指す計画である．
JOC ゴールドプランは着実に成果をあげている．

32）小島・平本（2022），pp. 363-431.

補　遺

大学スポーツ協会設立

1 ▶ 事　例

　補遺は，（1）大学スポーツ協会設立が，「なぜ」そして「どのように」して実現したのかを，事例研究によって解明するとともに，（2）スポーツ庁設置の政策形成の分析より析出された16の発見事実が，大学スポーツ協会設立の政策形成に関して妥当するか否かを検証することを目的としている．

　この大学スポーツ協会設立の政策形成の全プロセスを分析した先行研究は皆無である．

　日本の中学校と高等学校の場合，日本中学校体育連盟と全国高等学校体育連盟がそれぞれ運動部の活動を統括してきた．他方，大学の場合，運動部の活動を大学横断的かつ競技横断的に統括する組織は存在してこなかった．従来，（1）大学の運動部の活動は，学内では課外活動として位置づけられ，学生を中心に自主的・自律的に運営されてきた．（2）大学本部には，運動部の活動を競技横断的に管理する部局は存在しなかった．（3）学外の学生競技団体は競技別・地域別に組織され，それぞれ競技大会を運営してきた．このため，大学の運動部の活動の統括組織の必要性は一部で叫ばれてきたが，大学自治が最重視されるなか，実現には至らなかった[1]．

　2015年9月，安倍首相は，記者会見で新たな「3本の矢」を提唱し，アベノミクスの第2ステージを宣言した．10月1日，スポーツ庁が文部科学省の外局として設置された．スポーツ庁は，政策課，健康スポーツ課，競技スポーツ課，国際課，オリンピック・パラリンピック課，参事官（地域振興担当），参事官（民間スポーツ担当）の5課2参事官からなっている．後述するように，2019年3月，

スポーツ庁によって当該事例である「一般社団法人大学スポーツ協会」が設立された. この「日本版 NCAA」の企画は, 次長, 参事官（地域振興担当）, 政策課によって担当された[2].

2015年10月 7 日, 馳浩議員が第 3 次安倍第 1 次改造内閣の文科相に就任した. この時期, 政府は, 2020東京五輪・パラリンピックの開催準備およびアベノミクスの推進のために, 大学スポーツを国の重要施策として位置付けつつあった.

2016年 2 月, 経済産業省とスポーツ庁は,「スポーツ未来開拓会議」を設置し,「大学スポーツは教育的価値に加えて産業的価値を見出していく必要がある」と提言した[3].

同年 4 月, 馳文科相は, 日本版 NCAA 創設に向けて, 自らを座長とする「大学スポーツの振興に関する検討会議」を発足させ, 2016年度中に設立の結論を得ることを目指した. メンバーは, 文科相, スポーツ庁長官, 次長, 文科省高等教育局長, 文科省科学技術・学術政策局長等10名であった. 検討会議は, 数度の議論を経て, 2017年 3 月,「最終とりまとめ」を行い, 2018年度の日本版NCAA 創設を目指すとした. この結論は, 同時期に公表された文部科学省の「第 2 期スポーツ基本計画」に盛り込まれた[4].

2016年 6 月, 政府は「日本再興戦略2016」（アベノミクスの全体像）を閣議決定し, スポーツ関連市場を2025年までに 3 倍にするために,（1）大学が持つスポーツ資源の潜在力（人材輩出, 経済活性化, 地域貢献等）を活用すること,（2）日本版 NCAA の設立に向けた方向性について結論を得ることを明記した[5].

2017年 3 月, 文部科学省は上述の「第 2 期スポーツ基本計画」を策定した. このなかで,「第 1 期スポーツ基本計画」とは異なり, 大学スポーツ振興を具体的な施策目標として取りあげ, 大学が持つスポーツ資源を十分活用するとともに, 大学スポーツ振興に向けた国内体制の構築を目指すことを明記した. その具体的施策としては,（1）大学スポーツアドミニストレーター配置大学を100とする,（2）日本版 NCAA の創設を支援すること等があげられた[6].

同年 6 月, 政府は「未来投資戦略2017」を閣議決定した. このなかで,（1）日本版 NCAA の2018年度中の創設を目指し, 学産官連携協議会を設置し制度

補　遺　大学スポーツ協会設立　　179

設計を進める，（2）上述のスポーツアドミニストレーター配置大学を「5年間で100にする」ことが明記された．このうち，（1）産官連携協議会は2017年9月に発足し，日本版NCAAの役割，業務，事業ロードマップ等を検討し，協議会のなかに設けられた学業充実WG，マネジメントWG，安全安心WGは，それぞれ個別のテーマを検討した．（2）大学スポーツアドミニストレーター配置は，2017年12月に決定された2018年度税制改正大綱によって，スポーツ庁で予算化された（1億円）[7]．

2018年3月，日本版NCAA設立準備委員会の委員公募が開始され，7月，設立準備委員会が立ち上げられた．10月，日本版NCAAの正式名称が「一般社団法人大学スポーツ協会」に決定した．

2019年3月，大学スポーツ協会（UNIVAS）が正式に設立された[8]．

2 ▶ 事例の分析

事例の分析に際しては，「スポーツ庁設置法案」成立後から大学スポーツ協会設立まで（2015年5月〜2019年3月）の全史を準備期，形成期，実現期の3期に区分することなく，全史を1期間として捉える．このため，全史における期首のアジェンダ，政策状況，政治状況は考慮しない（補遺　表1）．

［1］参加者

主要な参加者は7つであった．すなわち，参加者①〈文部科学省〉，参加者②〈安倍内閣〉，参加者③〈スポーツ庁〉，参加者④〈経済産業省〉，参加者⑤〈全国の大学〉，参加者⑥〈競技団体〉，参加者⑦〈スポーツ関連企業〉であった．以下7つの参加者について説明する．

参加者①〈文部科学省〉は，①スポーツ庁の設置（2015年10月），②「大学スポーツの振興に関する検討会議」の発足（2016年4月），③「第2期スポーツ基本計画」の策定（2017年3月）を行った．

参加者②〈安倍内閣〉は，「未来投資戦略2017」を閣議決定した（2017年6月）．

補遺　表1　大学スポーツ協会設立の分析結果

（「スポーツ庁設置法案」成立後から大学スポーツ協会設立まで　2015年5月〜2019年3月）

参加者	政府（内閣・省庁）	① 文部科学省，② 安倍内閣，③ スポーツ庁，④ 経済産業省
	市民団体	⑤ 全国の大学，⑥ 競技団体，⑦ スポーツ関連企業
政策アクティビスト		① 馳浩文科相
政策形成の場		① スポーツ未来開拓会議，② 大学スポーツの振興に関する検討会議，③ 学産官連携協議会（3WG），④ 日本版 NCAA 設立準備委員会
問題の流れ	問題	① 教育としての大学スポーツの革新，② 大学スポーツの産業化
	問題の窓	（1）「大学スポーツの振興に関する検討会議」設置
政策の流れ	政策案	（1）閣議決定「日本再興戦略2016」，② スポーツ未来開拓会議中間報告，③ 大学スポーツの振興に関する検討会議・最終とりまとめ，④ 第2期スポーツ基本計画，⑤ 閣議決定「未来投資戦略2017」，⑥ 閣議決定「2018年度税制改正要綱」，⑦ 大学スポーツ協会設立案（成立）
政治の流れ	政治の窓	① スポーツ庁の設置，② 馳浩文科相の就任
	政治	① 日本版 NCAA 設立企画組織の確定，② 馳浩文科相の在任
期末のアジェンダ・政策状況・政治状況の結び付き〈政策の決定・正当化〉		アジェンダ【問題①〜②】・政策状況【政策案①〜⑦】・政治状況【政治①〜②】は，相互に結び付いており，完全なパッケージが構成され，政策は決定・正当化される

　このなかで，（1）日本版 NCAA の2018年度中の創設を目指し，学産官連携協議会を設置し制度設計を進める，（2）スポーツアドミニストレーター配置大学を「5年間で100にする」ことが明記された．

　参加者③〈スポーツ庁〉と参加者④〈経済産業省〉は，2016年2月，「スポーツ未来開拓会議」を設置し，「大学スポーツは教育的価値に加えて産業的価値を見出していく必要がある」と提言した．

　参加者⑤〈全国の大学〉は，設立される大学スポーツ協会の主要な組織成員であった．[9]

　参加者⑥〈競技団体〉は，全国の大学とともに設立される大学スポーツ協会の主要な組織成員であった．

参加者⑦〈スポーツ関連企業〉の1つである電通は，2016年4月，「大学スポーツの振興に関する検討会議」において，「スポーツ産学連携＝日本版NCAA」を提案した．

[2] 政策アクティビスト

政策アクティビストは，政策アクティビスト①〈馳浩文科相〉のみであった．馳は，第3次安倍第1次改造内閣の文科相（2015年10月～2016年8月）であり，スポーツ議員連盟の事務局長を務め，以前から「日本でもNCAAのような組織を設立すべきである」と考えていた．上述のように，彼は，文科相に就任した翌年の2016年4月，「大学スポーツの振興に関する検討会議」を発足させ，2016年度中に日本版NCAA設立の結論を得ることを目指した．高橋義雄は，馳の文科相就任に関して次のように述べている．

　　スポーツそのものも，内閣の目指すスポーツの産業化のこともわかっていた馳浩氏が，文部科学大臣になったことは，日本版NCAA創設の大きな推進力になった．[10]

[3] 政策形成の場

主要な政策形成の場は4つであった．すなわち，政策形成の場①〈スポーツ未来開拓会議〉，政策形成の場②〈大学スポーツの振興に関する検討会議〉，政策形成の場③〈学産官連携協議会（3WG）〉，政策形成の場④〈日本版NCAA設立準備委員会〉であった．以下4つの政策形成の場について説明する．

政策形成の場①〈スポーツ未来開拓会議〉は，2016年2月，経済産業省とスポーツ庁によって設定された場であった．

政策形成の場②〈大学スポーツの振興に関する検討会議〉は，2016年4月，馳文科相によって設定された場であった．

政策形成の場③〈学産官連携協議会（3WG）〉は，2017年9月，閣議決定「未来投資戦略2017」にもとづいて設定された場であった．この政策形成の場で，

日本版 NCAA の役割，業務，事業ロードマップ等が検討された．協議会のなかに設けられた学業充実 WG，マネジメント WG，安全安心 WG は，それぞれ個別のテーマを議論した．

政策形成の場④〈日本版 NCAA 設立準備委員会〉は，2017 年 7 月，スポーツ庁によって設定された場であった．

［4］問題の流れ

まず，問題の窓①〈「大学スポーツの振興に関する検討会議」設置〉が開いた．この問題の窓①が開いたことを契機に，問題①〈教育としての大学スポーツの革新〉と問題②〈大学スポーツの産業化〉が認識・定義され，問題の流れに投げ込まれ，開いた問題の窓①を通って，政策の流れに入り浮遊した．

問題①〈教育としての大学スポーツの革新〉ついて説明する．大学スポーツ協会の設立を主導したのは，馳文科相と文部科学省であった．彼らは一様に次のように考えていた．（1）全国の大学は，教育としての大学スポーツの革新（学生アスリートの学修支援，安全な環境整備等）に注力すべきである．（2）設立される大学スポーツ協会加盟大学が，米国 NCAA 加盟の一部の大学のように「スポーツで稼ぐ」ことは必ずしも容易ではない[11]．

問題②〈大学スポーツの産業化〉について説明する．アベノミクスを主導した経済産業省やスポーツ関連企業は，上述の馳文科相と文部科学省とは異なり，大学スポーツ協会設立を「スポーツの産業化」の一環として捉えていた．

［5］政策の流れ

政策の流れの岸にいる参加者は，政策案①から政策案⑦の生成・特定化を行い，政策の流れに投げ込んだ．その結果，これらの政策案が政策の流れに浮遊していた．すなわち，政策案①〈閣議決定「日本再興戦略2016」〉，政策案②〈スポーツ未来開拓会議中間報告〉，政策案③〈大学スポーツの振興に関する検討会議・最終とりまとめ〉，政策案④〈第 2 期スポーツ基本計画〉，政策案⑤〈閣議決定「未来投資戦略2017」〉，政策案⑥〈閣議決定「2018年度税制改正要綱」〉，

政策案⑦〈大学スポーツ協会設立案（成立）〉である．以下 7 つの政策案について説明する．

政策案①〈閣議決定「日本再興戦略2016」〉は，2016年 6 月，発表された．そのなかで，スポーツ関連市場を2025年までに 3 倍にするために，① 大学が持つスポーツ資源の潜在力（人材輩出，経済活性化，地域貢献等）を活用すること，② 日本版 NCAA の設立に向けた方向性について結論を得ることが明記された．

政策案②〈スポーツ未来開拓会議中間報告〉は，2016年 6 月，経済産業省とスポーツ庁によって発表され，「大学スポーツは教育的価値に加えて産業的価値を見出していく必要がある」とした．

政策案③〈大学スポーツの振興に関する検討会議・最終とりまとめ〉は，2017年 3 月，発表され，2018年度の日本版 NCAA 創設を目指すとした．

政策案④〈第 2 期スポーツ基本計画〉は，政策案③と同時期の2017年 3 月に策定され，政策案③の結論が盛り込まれた．

政策案⑤〈閣議決定「未来投資戦略2017」〉は，2017年 6 月，発表された．そのなかで，（1）日本版 NCAA の2018年度中の創設を目指し，学産官連携協議会を設置し制度設計を進めること，（2）上述のスポーツアドミニストレーター配置大学を「5 年間で100にする」ことが明記された．

政策案⑥〈閣議決定「2018年度税制改正要綱」〉は，2018年 1 月，発表された．そのなかで，大学スポーツアドミニストレーター配置のために 1 億円がスポーツ庁で予算化された．

政策案⑦〈大学スポーツ協会設立案（成立）〉は，2019年 3 月，正式に決定・正当化された．

［6］政治の流れ

2015年10月，政治の窓①〈スポーツ庁の設置〉が開いた．この政治の窓①が開いたことを契機に，政治①〈日本版 NCAA 設立企画組織の確定〉が生成・展開され，開いた政治の窓①を通って，政策の流れの中に入り浮遊した．以下政治①について説明する．

スポーツ庁の設置により，スポーツ庁が日本版 NCAA 設立の企画を担当することが確定した．この時期，政府は，2020年東京五輪・パラリンピック開催準備およびアベノミクス推進のために，大学スポーツを国の重要施策として位置付けつつあった．そして，米国の NCAA や英国の BUCS のような大学横断的かつ競技横断的な統括組織を設立しようしていた．しかし，このような統括組織設立の企画を担当する組織は存在しなかった．こうしたなか，2015年10月，スポーツ庁が設置されたのである．

さらに，政治の窓②〈馳浩文科相の就任〉が開いた．この政治の窓②が開いたことを契機に，政治②〈馳浩文科相の在任〉が生成・展開され，政治の流れの中に投げ込まれ，開いた政治の窓②を通って，政策の流れの中に入り浮遊した．以下政治②について説明する．

馳の文科相の在任期間は，2015年10月から2016年8月までの9ヶ月間である．馳は，文科相に就任した翌年の2016年4月，日本版 NCAA 創設に向けて「大学スポーツの振興に関する検討会議」を発足させ，日本版 NCAA 設立へのレールを敷いたのである．馳は，この点に関して次のように述べている．

> これ（大学スポーツ協会設立）は，たまたま私が文部科学大臣に就任した時，大学スポーツの振興に関する協議会を文科省につくって，私が本部長に収まって，大学スポーツ日本版 NCAA をつくろうという機運が盛り上がりました．（中略）そして，収益をできるだけあげて，指導者の育成，保険の問題，キャリア形成，原点をしっかりやっていくべきだろうと考えて，スタートしたのです[12]．

［7］ 3つの結び付き

期末のアジェンダ，政策状況，政治状況の内容および，それらの結び付きについて説明する．

第一のアジェンダは，問題①〈教育としての大学スポーツの革新〉と問題②〈大学スポーツの産業化〉の2つからなっていた．これらの問題は，大学スポー

ツ協会設立を実現するために不可欠なものであった．その結果，期末のアジェンダを構成する問題は，十分な内容を備えるとともに，相互に関連し統合された．

第二の政策状況は，政策案①〈閣議決定「日本再興戦略2016」〉，政策案②〈スポーツ未来開拓会議中間報告〉，政策案③〈大学スポーツの振興に関する検討会議・最終とりまとめ〉，政策案④〈第2期スポーツ基本計画〉，政策案⑤〈閣議決定「未来投資戦略2017」〉，政策案⑥〈閣議決定「2018年度税制改正要綱」〉，政策案⑦〈大学スポーツ協会設立案（成立）〉の7つからなっていた．このうち，全史の初期に生成・特定化された政策案③〈大学スポーツの振興に関する検討会議・最終とりまとめ〉は十分に融和されていた．また，政策案③から政策案⑦の5つは，大学スポーツ協会設立を実現するために不可欠なものであった．その結果，期末の政策状況を構成する政策案は，十分な内容を備えるとともに，相互に関連し統合された．

第三の政治状況は，政治①〈日本版 NCAA 設立企画組織の確定〉と政治②〈馳浩文科相の在任〉の2つからなっていた．これらの政治は，いずれも大学スポーツ協会設立に決定的なプラスの影響を与えた．その結果，期末の政治状況を構成する政治は，十分な内容を備えるとともに，相互に関連し統合された．

以上のように，期末に政策の流れに浮遊していたアジェンダ【問題①〜②】，政策状況【政策案①〜⑦】，政治状況【政治①〜②】は，いずれも大学スポーツ協会設立を実現するのに十分な内容を備えていた．このため，期末のアジェンダ・政策状況・政治状況は相互に結び付いており，完全なパッケージが構成され，政策（大学スポーツ協会設立）は決定・正当化された．

3 ▶スポーツ庁設置と大学スポーツ協会設立の発見事実の相互関係

上述のように，スポーツ庁設置の政策形成の事例研究の結果，全部で16の発見事実が析出された．3項では，このスポーツ庁設置に関する発見事実が，大学スポーツ協会設立に関する事例においても妥当するか否かを検討する．

補遺　表2　スポーツ庁設置と大学スポーツ協会設立の発見事実の相互関係

	スポーツ庁設置に関する発見事実	大学スポーツ協会設立に関する発見事実	スポーツ庁設置と共通する発見事実	スポーツ庁設置と相違する発見事実
1	継続的な参加者と一時的な参加者の混在	すべて継続的な参加者		○
2	目立つ参加者によるアジェンダ設定，目立つ参加者と目立たない参加者による政策案の生成・特定化	目立つ参加者によるアジェンダ設定，目立つ参加者と目立たない参加者による政策案の生成・特定化	○	
3	国民のスポーツへの低い関心による参加者の数の限定	参加者の数は7つに限定され，国民の大学スポーツへの低い関心	○	
4	参加者間で異なる政策形成の誘因と保有する資源	スポーツ庁と競技団体の誘因は「スポーツ社会への献身」であり，文部科学省とスポーツ庁の資源は「予算編成の際の有利な立場」，競技団体の資源は「五輪や国体等への選手派遣能力」	○	
5	複数の政策形成の場の設定	4つの政策形成の場の設定	○	
6	アクティビストによる複数の場の重層的な連結	馳による政策形成の場②，政策形成の場③，政策形成の場④の連結	○	
7	国民のスポーツへの低い関心による問題の認識・定義の遅れ	国民の大学スポーツへの低い関心により，問題①と問題②の認識・定義は，米国（NCAA）に約110年，英国（BUCS）に約10年の遅れ	○	
8	アクティビストによる問題の認識・定義と理解の促進	馳によって認識・定義された問題①と問題②は，文科省，競技団体，経産省，スポーツ関連企業によって理解される	○	
9	アジェンダを構成する複数の問題の相互関連性の高さ	問題①と問題②の相互関連性は必ずしも高くない		○
10	特定の政策案の形成期における融和	全史の最初に政策案③の融和		○
11	新たな政策案の全期にわたる追加・洗練	政策案②から政策案⑤の追加・洗練	○	
12	5つの存続規準を満たす政策案の実現期における生成・特定化	5つの存続規準を満たす政策案⑤〈大学スポーツ協会設立案（成立）〉	○	
13	（1）政府関係者の交替，（2）政府内部の管轄争い，	（1）政府関係者の交替と（2）政府内部の管轄争いの政策形成への大きな影響，		○

	（3）利益集団の活動の政策形成への大きな影響	（3）利益集団の活動の影響はなし		
14	形成期と実現期を短縮した複数の政治	全史を約4年に短縮した政治状況（政治①と政治②）	○	
15	複数の政策の窓の開放による政策形成の進展	政治の窓①，政治の窓②，問題の窓①の開放による2つ政治の生成・展開，2つの問題の認識・定義，7つの政策案の生成・特定化	○	
16	アジェンダ・政策状況・政治状況の相互の結び付き，完全なパッケージの構成，当該政策の決定・正当化	アジェンダ・政策状況・政治状況の相互の結び付き，完全なパッケージの構成，当該政策の決定・正当化	○	

注：○は大学スポーツ協会設立の発見事実が，スポーツ庁設置の発見事実と共通するか，相違するかを示している.

　補遺　表2は，スポーツ庁設置と大学スポーツ協会設立の発見事実の相互関係を示している．以下**補遺　表2**について説明する．

　① 発見事実1：継続的な参加者と一時的な参加者の混在

　参加者は，文部科学省，安倍内閣，スポーツ庁，経済産業省，全国の大学，競技団体，スポーツ関連企業の7つであった．これら参加者は，いずれも大学スポーツ協会設立の全史を通じて一貫して関与した継続的な参加者であった．すべてが継続的な参加者であったことは，大学スポーツ協会設立の全史が4年間と短いことに起因しているかもしれない．

　② 発見事実2：目立つ参加者によるアジェンダ設定，目立つ参加者と目立たない参加者による政策案の生成・特定化

　目立つ参加者の馳浩文科相は，アジェンダの設定と政策案の生成・特定化にそれぞれ大きな影響を及ぼした．目立たない参加者は，文部科学省，スポーツ庁，経済産業省，全国の大学，競技団体，スポーツ関連企業の6つであり，いずれも政策案の生成・特定化のみに影響を及ぼした．

③ 発見事実 3 ：参加者の数を限定した国民のスポーツへの低い関心

　日本の大学の運動部の活動は，学内では課外活動として位置付けられ，学生を中心に自主的・自律的に運営されてきた．このため，国民の大学スポーツへの関心は低かった．この関心の低さを受け，参加者は 7 つと少なかった．

④ 発見事実 4 ：参加者間で異なる政策形成の誘因と保有する資源

　誘因に関しては，スポーツ庁と競技団体はいずれも「スポーツ社会への献身」である．他方，保有する資源に関しては，文部科学省とスポーツ庁は「予算編成の際の有利な立場」等，競技団体は「五輪や国体等への選手派遣能力」であった．このため，参加者によって誘因と資源は異なっている．

⑤ 発見事実 5 ：複数の政策形成の場の設定

　政策形成の場①〈スポーツ未来開拓会議〉，政策形成の場②〈大学スポーツの振興に関する検討会議〉，政策形成の場③〈学産官連携協議（3 WG）〉，政策形成の場④〈日本版 NCAA 設立準備委員会〉の 4 つが設定された．

⑥ 発見事実 6 ：アクティビストによる複数の場の重層的な連結

　政策形成の場②〈大学スポーツの振興に関する検討会議〉，政策形成の場③〈学産官連携協議会（3 WG）〉，政策形成の場④〈日本版 NCAA 設立準備委員会〉の 3 つは，すべて大学スポーツ協会の設立準備のために設けられた場であった．このうち，政策形成の場②は，政策アクティビストの馳文科相が在任中に設定・活用した場であった．残りの 2 つの場は，馳文科相の退任後に，文部科学省とスポーツ庁が検討会議の「最終とりまとめ」にもとづいて設定した場であった．このため，これら 3 つの政策形成の場は，いずれも馳によって連結されていたといえる．

⑦ 発見事実 7 ：問題の認識・定義を遅らせた国民のスポーツへの低い関心

　発見事実 3 で述べたように，国民の大学スポーツへの関心は低かった．この

関心の低さを受けて，問題①〈教育として大学スポーツの革新〉と問題②〈大学スポーツの産業化〉が認識・定義されたのは，2016年4月，「大学スポーツの振興に関する検討会議」が設置された際である．結果として，大学スポーツ協会設立の認識・定義は，米国の NCAA 設立より約110年，英国の BUCS 設立より約10年遅れた．

⑧ 発見事実8：アクティビストによる問題の認識・定義と理解の促進
政策アクティビストの馳は，政策形成の契機となる問題⑦〈教育としての大学スポーツの革新〉と問題⑧〈大学スポーツの産業化〉の2つを認識・定義するとも，文部科学省，スポーツ庁，競技団体，経済産業省，全国の大学，スポーツ関連企業にそれらの問題を理解させた．

⑨ 発見事実9：アジェンダを構成する複数の問題の相互関連性の高さ
問題①〈教育としての大学スポーツの革新〉と問題②〈大学スポーツの産業化〉は，大学スポーツ協会設立を実現するには不可欠であったが，相互関連性は必ずしも高くなかった．問題①の解決を支持したのは，文部科学省，スポーツ庁，全国の大学であった．他方，問題②の解決を支持したのは安倍内閣，経済産業省，スポーツ関連企業であった．

⑩ 発見事実10：特定の政策案の形成期における融和
政策アクティビストの馳は，全史の最初に「大学スポーツの振興に関する検討会議・最終とりまとめ」を生成・特定化させた．次に，この結論を同時期に公表された「第2期スポーツ基本計画」に盛り込み，政策コミュニティと一般国民に対して馴染ませた．

⑪ 発見事実11：新たな政策案の全期にわたる追加・洗練
「大学スポーツの振興に関する検討会議・最終とりまとめ」が公表された後，全史にわたり次の6つの政策案が生成・特定化された．すなわち，「閣議決定

「日本再興戦略2016」」,「スポーツ未来開拓会議中間報告」,「第2期スポーツ基本計画」,「閣議決定「未来投資戦略2017」」,「閣議決定「2018年度税制改正要綱」」,「大学スポーツ協会設立案（成立）」である.

⑫ 発見事実12：5つの存続規準を満たす政策案の実現期における生成・特定化

「大学スポーツ協会設立案（成立）」は，次のように政策案の5つの存続規準を満たしていた.（1）技術的実行可能性に関しては，① 米国のNCAAの成功事例や英国のBUCSの先行事例が存在している.② 運動部活動の大学横断的かつ競技横断的統括組織を一般社団法人として設立することは十分可能であった.（2）政策コミュニティの価値受容性に関しては，大学スポーツ協会は，学生アスリートのための「学修支援・デュアルキャリア形成支援」・「安心安全な環境整備」・「大学スポーツの価値向上」等を目指しており，受容可能性は高かった.（3）許容範囲内のコストに関しては，参加大学・参加競技団体の年会費は10万円であり，許容されるものであった.（4）議員の支持に関しては，大学スポーツ協会設立は，1）議員立法で成立したスポーツ基本法の目的と整合するとともに，2）スポーツ議員連盟の馳が主導し，議員から支持された.（5）一般市民の黙認に関しては，国民の大学スポーツへの関心は低いままであり，国民に黙認された.

⑬ 発見事実13：（1）政府関係者の交替，（2）政府内部の管轄争い，（3）利益集団の活動の政策形成への大きな影響

政治⑧〈馳浩文科相の在任〉は（1）政府関係者の交替に該当し，政治⑦〈日本版NCAA設立企画組織の確定〉は（2）政府内部の管轄争いに該当する.（3）利益集団の活動は生成・展開されなかった.このため，3種類ではなく，2種類の政治が影響を及ぼした.

補　遺　大学スポーツ協会設立　　191

⑭ 発見事実14：形成期と実現期を短縮した複数の政治

政治⑦〈日本版 NCAA 設立企画組織の確定〉と政治⑧〈馳浩文科相の在任〉
の２つは，いずれも大学スポーツ協会設立にプラスの大きな影響を及ぼし，全
史を約４年に短縮した．

⑮ 発見事実15：複数の政策の窓の開放による政策形成の進展

政治の窓①〈スポーツ庁の設置〉は，政治②〈日本版 NCAA 設立企画組織
の確定〉を生成・展開させた．しかし，この政治①は，政策案を生成・特定化
させることはなかった．その結果，政策アクティビストによって部分的なパッ
ケージが構成されることはなかった．

他方，政治の窓②〈馳浩文科相の就任〉は，政治②〈馳浩文科相の在任〉を
生成・展開させた．また，問題の窓①〈「大学スポーツの振興に関する検討会
議」設置〉は，問題①〈教育としての大学スポーツの革新〉と問題②〈大学ス
ポーツの産業化〉を認識・定義させた．これら政治②，問題①，問題②の３つ
は，全体として７つの政策案を生成・特定化させた．その結果，政策アクティ
ビストによって政治と問題と政策案の部分的なパッケージが構成された．

⑯ 発見事実16：アジェンダ，政策状況，政治状況の完全なパッケージの構
　　成による政策の実現

以上の説明からも明らかなように，期末のアジェンダ・政策状況・政治状況
は，相互に結び付いており，政策アクティビストによって１つに結び付けられ
完全なパッケージを構成する準備ができていたといえる．これら３つの知識資
産が完全なパッケージを構成した結果，大学スポーツ協会設立が正式に決定・
正当化され，実現したのである．

補遺　表２は次のように要約される．（１）大学スポーツ協会設立に関する
発見事実２，３，４，５，６，７，８，11，12，14，15，16の12は，スポーツ
庁設置に関する発見事実と共通している．すなわち，スポーツ庁設置の発見事
実が，大学スポーツ協会設立に関しても妥当している．（２）他方，大学スポー

ツ協会設立に関する発見事実1，9，10，13の4つは，スポーツ庁設置に関する発見事実とは相違している．すなわち，スポーツ庁設置の発見事実が，大学スポーツ協会設立に関しては妥当していない．

16の発見事実のうち12が妥当している補遺の分析結果は，新・政策の窓モデルにもとづく年代記分析が，スポーツ庁設置以降の現代日本のスポーツ政策形成の解明にも十分有効であることを示唆している．

注

1）宇田川・大崎（2019），p. 78．文部科学省は，2000年代以降，「財政支出の削減と教育・研究のための資金確保」を目指す急進的な大学改革政策を次々と打ち出だすとともに，2012年6月，大学の再編・統廃合を加速させようとする「大学改革実行プラン」を公表した．しかし，これら文部科学省の大学改革政策においては，日本版NCAA設立は全く考慮されていなかった．

2）仙台光仁への著者による聴き取り調査（2020年7月27日）．

3）高橋（2017a），p. 79．花内（2017），pp. 66-67．

4）文部科学省（2017），pp. 31-35．

5）内閣官房（2016），p. 107．

6）大学スポーツコンソーシアム KANSAI 編（2018），pp. 1-6．

7）内閣官房（2017）．

8）吉田（2020），p. 4．

9）米国では1910年に設立されたNCAA（National Collegiate Athletic Association）が活発な活動を展開し，日本では関西5私大体育研修会が1970年代から現在までさまざまな研修会を開催してきた．他方，英国では2008年に設立されたBUCS（British Universities & Colleges Sport Limited）が活動を開始した．スポーツ基本法が制定された2011年6月以降においては，スポーツ議員連盟や関西5私大学体育・スポーツ教職員を含む全国の大学は，日本でもNCAAやBUCSのような運動部の活動の大学横断的かつ競技横断的な統括組織の設立を主張するようになった．さらに，関西5私大体育・スポーツ教職員による①関西5私大学スポーツ政策検討会（2012年1月～7月　全3回），②関西カレッジスポーツ政策会議（2012年8月～10月　全2回），③大学スポーツ政策関西会議（2012年11月～2015年6月　全13回）がそれぞれ開催された．

10）高橋（2017b），p. 35，高橋義雄への著者による聴き取り調査（2020年7月17日）．

11）馳浩への著者による聴き取り調査（2021年4月12日）．

12）馳（2020），pp. 208-209．

初 出 一 覧

　本書は，5つの論稿をもとに加筆・修正・再構成したものである．

第1章～第3章　横井康博（2023c），「スポーツ基本法制定の政策形成——新・政策の窓モデルによる実証研究」『スポーツ健康科学研究』45，pp. 11–23のうちの pp. 14–21を加筆および修正．横井康博（2023d），「スポーツ庁設置の政策形成——新・政策の窓モデルによる実証分析」『経済学研究』（北海道大学）73（2），pp. 17–62のうちの pp. 17–27を加筆および修正．

第4章～第6章　横井康博（2023a），「スポーツ庁設置の政策形成——準備期，形成期，実現期の事例の記述」『北海道大学大学院経済学研究院　ディスカッション・ペーパー』Series B, No. 2023-206，および横井康博（2023d）のうちの pp. 27–40を加筆および修正．

第7章　　　　横井康博（2023d）のうちの pp. 41–60を加筆および修正．

補遺　　　　　横井康博（2021），「UNIVAS 設立の政策形成——新・政策の窓モデルによる実証研究」『スポーツ健康科学研究』43，pp. 43–56のうちの pp. 46–54を加筆および修正．横井康博（2023b），「大学スポーツ協会設立の政策形成——新・政策の窓モデルによる実証分析」『北海道大学大学院経済学研究院　ディスカッション・ペーパー』Series B, No. 2023-207を加筆および修正．

参 考 文 献

〈欧文献〉

Baumgartner, F. R., and B. D. Jones (1993), *Agendas and Instability in American Politics*, Chicago : Chicago University Press.

Cohen, M. D. , J. G. March, and J. P. Olsen (1972), "A Garbage Can Model of Organizational Choice," *Administrative Science Quarterly*, 17, pp. 1 –25.

Downs, A. (1972), "Up and Down with Ecology : The 'Issue-Attension Cycle'," *Public Interest*, 28 (Summer), pp. 38–50.

Gurney, G., D. D. Lopiano, and A. Zimbalist (2017), *Unwinding Madness : What Went Wrong with College Sports―and How to Fix It*, Washington D.C. : Brookings Institution Press (宮田由起夫訳『アメリカの大学スポーツ——腐敗の構図と改革への道』玉川大学出版部，2018年).

Houlihan, B. (1997), *Sport, Policy and Politics : A Comparative Analysis*, London : Routeledge.

Houlihan, B. and M. Green (2006), "The Changing Status of School Sport and Physical Education : Explaining Policy Change," *Sport, Education and Society*, 11 (1), pp. 73–92.

John, P. (2012), *Analyzing Public Policy*, 2 nd ed., London : Routledge.

Kingdon, J. W. (2011), *Agendas, Alternatives, and Public Policies*, updated 2 nd ed., N.Y. : Harper-Collins College Publishers (笠京子訳『アジェンダ・選択肢・公共政策——政策はどのように決まるのか』勁草書房，2017年).

Nonaka, I., and H. Takeuchi (1995), *The Knowledge-Creating Company : How Japanese Companies Create the Dynamics of Innovation*, N.Y. : Oxford University Press (梅本勝博訳『知識創造企業』東洋経済新報社，1996年).

Sabatier, P. A. (1988), "An Advocacy Coalition Framework of Policy Change and the Role of Policy-Oriented Learning therein," *Policy Sciences*, 21, pp. 129–168.

〈邦文献〉

芦立訓・笠原一也・鈴木知幸・境田正樹 (2015), 「シンポジウム：日本におけるスポーツ政策決定について——スポーツ庁設置を中心として」『日本体育・政策研究』(24)，pp. 25–55.

池田勝 (1998), 「スポーツ政策研究の国際動向」『体育学研究』(大阪体育大学) 43，pp. 225–

233.

市井吉興（2014），「成長戦略とスポーツ政策——観光立国・スポーツ立国・新自由市議型自由時間政策」『立命館言語文化研究』25（4），pp. 63-76.

内海和雄（1992），「スポーツ基本法の研究Ⅱ——戦後のスポーツの行政と法（2）」『一橋大学研究年報　自然科学研究』（28），pp. 31-34.

——（1993），『戦後スポーツ体制の確立』不昧堂出版.

——（2015），『スポーツと人権・福祉——スポーツ基本法の処方箋』創文企画.

遠藤利明（2007），『「スポーツ立国」ニッポン——国家戦略としてのトップスポーツ』スポーツ振興に関する懇談会.

——（2011），「コラム：スポーツ基本法制定の意義」日本スポーツ法学会編『詳解スポーツ基本法』成文堂，p. 30.

——（2014），『スポーツのチカラ——東京オリンピック・パラリンピック戦略』論創社.

——・友添秀則・清水諭（2012），「座談会：スポーツ立国論の可能性」『現代スポーツ論』26，pp. 18-36.

——・馳浩編著（2020），『スポーツフロンティアからのメッセージ——新時代につなげたい想い』大修館書店.

大野晃（2000），「文部省「スポーツ振興基本計画」を斬る」『現代スポーツ評論』3，pp. 178-187.

加藤大仁（2004），「スポーツ政策形成過程研究に向けての一考察」『体育研究所紀要』（慶應義塾大学）43（1），pp. 15-22.

——（2009），「「スポーツ振興くじ法」の立法過程」『体育研究所紀要』（慶應義塾大学）48（1），pp. 21-28.

川人顕・渡辺直哉（2015），「国を挙げた国際競技大会の支援とスポーツ庁の設置——オリンピック・パラリンピック特措法案，ラグビーワールドカップ特措法案，文部科学省設置法改正案」『立法と調査』（363），pp. 13-24.

河野一郎（2010），「ニッポンのスポーツ力」『筑波大学体育科学系紀要』（33），pp. 1-3.

——（2012），「スポーツ基本法制定と今後の課題」『日本スポーツ法学会年報』（19），pp. 35-42.

——（2020），「オリンピック・パラリンピック大会招致プロセスの検証——空白期間のグローバル戦略と現地での危機対応」遠藤利明・馳浩編著『スポーツフロンティアからのメッセージ——新時代につなげたい想い』大修館書店，pp. 11-46.

小坂大（2015），「メダル至上の成果主義がもたらす危険——スポーツ庁設置の背景と報道の役割」『新聞研究』（771），pp. 74-77.

小島廣光（2003），『政策形成と NPO 法——問題，政策，そして政治』有斐閣.

―――・平本健太（2022）,『非営利法人制度改革の研究――新・政策の窓モデルによる実証分析』北海道大学出版会.

後藤逸郎（2020）,「オリンピック・マネー――誰も知らない東京五輪の裏側」文藝春秋社, pp. 159-162.

後藤雅貴（2011）,「スポーツ基本法の制定」『立法と調査』（320）, pp. 49-56.

小林至・友添秀則・清水諭（2017）,「座談会：日本版NCAA創設をめぐって――大学スポーツの活性化は可能か」『現代スポーツ評論』（36）, pp. 19-36.

斎藤健司（2007）,『フランススポーツ基本法の形成』成文堂.

―――（2011）,「スポーツ立国戦略に関するスポーツ基本法立法の視角からの提言――スポーツ政策形成過程におけるヒアリング制度の課題」『筑波大学体育科学系紀要』（34）, pp. 91-98.

―――（2012）,「現代的なスポーツをめぐるポリティクスの様相と視角――日仏のスポーツ基本法の政策決定と制度構造の比較を通して」『スポーツ社会学研究』（20）, pp. 23-35.

笹川スポーツ財団（2006）,『スポーツ白書――スポーツの新たな価値の発見』笹川スポーツ財団.

―――（2011）,『スポーツ白書2011――スポーツが目指すべき未来』笹川スポーツ財団.

―――（2017）,『スポーツ白書2017――スポーツによるソーシャルイノベーション』笹川スポーツ財団.

―――（2020）,『スポーツ白書2020――2030年のスポーツのすがた』笹川スポーツ財団.

―――・宮下量久,（2012）『スポーツ行政における公共部門の役割に関する研究』（2011年度調査報告書）笹川スポーツ財団.

―――（2013）,『スポーツ庁の設置形態に関する研究』（2012年度調査報告書）.

澤田大祐（2011）,「スポーツ政策の現状と課題――「スポーツ基本法」の成立をめぐって」『調査と情報』（722）, pp. 1-12.

自民党スポーツ立国調査会（2008）,『「スポーツ立国」ニッポンを目指して――国家戦略としてのスポーツ』スポーツ立国調査会〈中間報告書〉.

スポーツ振興国会議員懇談会（1972）,『スポーツ議連二十五年史』.

鈴木知幸（2016）,「スポーツ庁設置の沿革と課題」『日本スポーツ法学会年報』（23）, pp. 90-96.

鈴木寛（2016）,「スポーツ庁の概要と果たすべき役割」『日本スポーツ法学会年報』（23）, pp. 62-72.

関春南（1997）,『戦後日本のスポーツ政策――その構造と展開』大修館書店.

大学スポーツコンソーシアムKANSAI編（2018）,『大学スポーツの新展開――日本版NCAA

創設と関西からの挑戦』晃洋書房.

高橋義雄（2017a），「企業と大学スポーツの新しい形――大学スポーツの収益化の可能性」『現代スポーツ評論』（36）.

───（2017b），「日本版 NCAA 構想の全体像と今後の議論展開」『Coaching Clinic』2017/07，pp. 34-37.

田中宏和（2007），「スポーツ振興投票の実施等に関する法律の制定過程の検討」『体育・スポーツ研究』（7），pp. 73-82.

──（2007），「我が国におけるスポーツ行政及びスポーツ政策に関する研究の現状」『国士舘大学体育研究所報』（26），pp. 55-60.

──（2021），「文部科学大臣のスポーツに関わる所信表明の変遷（1）」『桐蔭論叢』（44），pp. 111-120.

棚村政行・笠井修・境田正樹・鈴木知幸・中村祐司（2016），「パネルディスカッション：スポーツ庁が果たすべき役割とその法的問題点」『日本スポーツ法学会年報』（23），pp. 105-129.

棚山研（2021），「「換骨奪胎」のスポーツ政策――「スポーツ市場15兆円」計画，スポーツガバナンス，そして「東京五輪・パラ」」『大原社会問題研究所雑誌』（755・756），pp. 45-68.

時本識資（2019），「スポーツ政策の視点からみたスポーツの価値と機能」『駿河台大学論叢』（58），pp. 129-139.

───・田畑亨・内藤正和（2019），『はじめて学ぶスポーツ政策』アイオーエム.

友添秀則（2017），「【主張】大学スポーツの価値をめぐって」『現代スポーツ評論』（36），p. 8.

───（2020），「スポーツと体育の概念的相違――スポーツと体育は何が違うのか」，遠藤利明・馳浩編『スポーツフロンティアからのメッセージ――新時代につなげたい想い』大修館書店，pp. 101-126.

内閣官房（2016），『日本再興戦略2016』.

──（2017），『未来投資戦略2017――Society 5.0の実現に向けた改革』.

長登健・野川春夫（2014），「日本の生涯スポーツ政策における地域スポーツクラブ育成の変遷」『生涯スポーツ学研究』（10），pp. 1-2.

中村哲也（2017），「日本版 NCAA 構想の問題点と課題」『現代スポーツ評論』（36），pp. 53-65.

中村祐司（1999），「現代日本の政治とスポーツ」池田勝・守能信次編（1999）『スポーツの政治学』杏林書院，pp. 43-62.

───（2002），「スポーツ行政をめぐる政策ネットワークの研究」（早稲田大学博士論文）.

──── (2006),『スポーツの行政学』成文堂.

──── (2015),「スポーツガバナンスの新展開──スポーツ庁設置と2020東京五輪開催に注目して」『宇都宮大学国際学部研究論集』(40), pp. 49-57.

──── (2016),「団体自治とスポーツ庁の役割に関する政策的観点からの検討──財源を取っ掛かりとして」『日本スポーツ法学会年報』(23), pp. 97-104.

──── (2018),『2020年東京オリンピックの研究──メガ・スポーツイベントの虚と実』成文堂.

日本スポーツ法学会編 (2011),『詳解スポーツ基本法』成文堂.

馳浩 (2020),「これまでの総括とこれからへの提言──昭和, 平成, そして令和へ」, 遠藤利明・馳浩編『スポーツフロンティアからのメッセージ──新時代につなげたい想い』大修館書店, pp. 203-216.

花内誠 (2017),「スポーツの産学連携をめぐって──日本版 NCAA とは何か?」『現代スポーツ評論』(36), pp. 66-75.

平塚卓也 (2021)「1949年の文部体育局廃止の政策形成過程におけるアクター行動の制約」『体育学研究』(66), pp. 677-689.

福田内閣官房教育再生会議 (2009),『教育再生会議第3次報告』.

文化庁 (1973),『文化庁のあゆみ』文化庁.

松畑尚子・伊坂忠夫・長積仁・松永敬子・窪田通雄 (2018),「大学スポーツ改革のあゆみ」大学スポーツコンソーシアム KANSAI 編『大学スポーツの新展開──日本版 NCAA 創設と関西からの挑戦』晃洋書房, pp. 1-21.

御園慎一郎 (2012),「我が国のスポーツ政策と地域活性化」『東邦学誌』(41), pp. 137-145.

宮田由起夫 (2017),「アメリカの大学スポーツ NCAA から何を学ぶか」『現代スポーツ評論』(36), pp. 37-52.

宮本学・勝田隆 (2013),「日本における国政レベルのスポーツ政策形成過程に関する研究」『仙台大学大学院スポーツ科学研究修士論文集』12, pp. 148-149.

森岡裕策 (2016),「我が国のスポーツ政策の動向──2020オリンピック・パラリンピックの開催に向けて」『大阪体育学研究』(54), pp. 61-76.

文部科学省 (2010),『スポーツ立国戦略──スポーツコミュニティ・ニッポン』文部科学省.

──── (2012),『スポーツ基本計画』文部科学省.

──── (2014),『スポーツ庁のあり方に関する調査研究事業』文部科学省.

──── (2016),『大学スポーツの振興に関する検討会議中間とりまとめ (案)──大学スポーツの価値の向上に向けて』文部科学省.

──── (2017),『大学スポーツの振興に関する検討会議最終とりまとめ──大学スポーツの価値の向上に向けて』文部科学省.

安田秀一（2020），『スポーツ立国論――日本人だけが知らない「経済，人材，健康」全てを強くする戦略』東洋経済新報社.

横井康博（2021），「UNIVAS 設立の政策形成――新・政策の窓モデルによる実証研究」『スポーツ健康科学研究』43，pp. 43-56.

―――（2023a），「スポーツ庁設置の政策形成――準備期，形成期，実現期の事例の記述」『北海道大学大学院経済学研究院　ディスカッション・ペーパー』Series B, No. 2023-206.

―――（2023b），「大学スポーツ協会設立の政策形成――新・政策の窓モデルによる実証分析」『北海道大学大学院経済学研究院　ディスカッション・ペーパー』Series B, No. 2023-207.

―――（2023c），「スポーツ基本法制定の政策形成――新・政策の窓モデルによる実証研究」『スポーツ健康科学研究』45，pp. 1 -16.

―――（2023d），「スポーツ庁設置の政策形成――新・政策の窓モデルによる実証分析」『経済学研究』（北海道大学）73（2），pp. 17-62.

吉田卓史（2020），「UNIVAS 設立後の大学スポーツの展開に関する一考察」『福山大学経済学論集』44，pp. 1 - 5 .

吉田光成（2011），「スポーツ基本法制定に至る経過」日本スポーツ法学会編『詳解スポーツ基本法』成文堂，pp. 3 - 9 .

吉田良治（2015），『スポーツマネジメント論――アメリカの大学スポーツビジネスに学ぶ』昭和堂.

人名索引

ア 行

芦立訓　123
麻生太郎　37, 50, 66, 68-70, 73, 79, 80, 91-93, 116, 122, 141, 142, 145
安倍晋三　48, 63, 79, 116, 117, 130, 134, 142-145
荒川静香　48, 52
有馬朗人　45
池田勝　195
石原慎太郎　47, 51, 71, 79, 82, 111, 115
市井吉興　196
逸見博昌　8
今村裕　23
内海和雄　5, 8, 196
遠藤利明　23, 52, 64, 70, 77, 88, 91, 93, 103, 117, 119, 122, 130, 132, 142, 143, 145, 150, 151, 155
大野晃　196
奥村展三　88, 89
小倉弌郎　90
オバマ（Obama, B.）　79, 80, 82

カ 行

勝田隆　64, 84, 199
加藤大仁　196
嘉納治五郎　116
川人顕　196
川端達夫　82, 98
キングダン（Kingdon, J. W.）　15, 195
グリーン（Green, M.）　11, 195
河野一郎　23, 64, 71, 75, 90, 93, 112, 115, 132, 196
小島廣光　2, 15, 170, 196, 197
後藤雅貴　197
小林至　197
小林誠　79, 80

サ 行

齋藤健司　84, 86, 197
佐伯年詩雄　90, 146
櫻田義孝　119

サバティエ（Sabatier, P. A.）　15, 195

澤田大祐　197
清水諭　197
清水紀宏　84, 86
下村脩　79, 80
下村博文　117, 118, 123, 130, 131, 135, 136, 141-143, 145, 156, 162, 163
ジョーンズ（Jones, B. D.）　15, 195
ジョン（John, P.）　15, 195
鈴木寛　83, 87, 91, 92, 129, 141, 142, 144, 145, 161, 197
鈴木大地　115, 129
鈴木知幸　195, 197, 198
関　春南　6, 197, 198
仙台光仁　23, 64

タ 行

高橋義雄　23, 84, 181, 198
高円宮寛仁　117
竹下登　36, 49, 54, 55, 103, 143, 156
田中宏和　198
友添秀則　196-198
谷垣禎一　70
谷亮子　66, 71, 87

ナ 行

中川正春　107
中曽根康弘　52, 103
中村哲也　198
中村祐司　9, 12, 54, 110, 169, 198, 199

ハ 行

橋本聖子　70, 117
橋本龍太郎　42, 45
馳浩　23, 70, 116, 117, 132, 178, 180-182, 184-192, 196, 198, 199
バッハ（Bach, T.）　119, 125, 134
鳩山邦夫　8
鳩山由紀夫　79, 81, 82, 98, 107
林譲治　36

平本健太　2, 15, 170, 197
ボームガートナー（Baumgartner, F. R.）
　195
ホーリハン（Holihan, B.）　9, 11, 12, 195
細川護熙　40

マ　行

益川敏英　79, 80
町村信孝　45
松浪健四郎　23
三笠宮彬子　117
宮沢喜一　8
宮本学　199
村山富市　41
室伏広治　71, 115

森喜朗　37, 50, 66, 69–71, 93, 117

ヤ　行

横井康博　200
吉田卓史　200
吉田光成　200
吉田良治　200

ラ　行

了徳寺健二　80
ロゲ（Rogge, J.）　115, 116

ワ　行

渡辺直哉　196

事 項 索 引

ア 行

IOC　9, 35, 50, 51, 66, 79, 81, 82, 113, 116, 117, 119, 125, 134
　——公認の研究センター　115
アジェンダ　17, 20, 49, 53, 55, 56, 91, 95, 98, 99, 130, 136, 137, 142–144, 152, 153, 166, 167, 171, 179, 180, 184, 185, 187, 189, 191
　——の設定　16, 144, 145
麻生内閣　91, 97, 143, 163, 164
　——の存続　91, 97, 99, 143, 160–164, 166
アドバイザリーボード　66, 75, 88
安倍内閣　63, 94, 130, 131, 135, 141, 142, 144, 145, 147, 179, 180, 185, 189
　——の発足　130, 135, 143, 163, 165
　——の存続　130, 135, 136, 143, 160, 161–164, 166
　第2次——の発足　131, 135, 136
アベノミクス　177, 178, 182, 183
アンチ・ドーピング　47, 64, 65, 71, 95
　世界——（WADA）　115, 117
　日本——（JADA）　115, 117
因果メカニズム　2, 3, 15, 115, 117
インテグリティユニット　116
インテリジェント活動　116
運動競技課　26
運輸省　42
NCAA（全米大学体育協会）　181, 182, 184, 186, 189, 190
NPO法　43, 84, 85, 170
遠藤リポート　63, 64, 67–69, 72, 75, 93–96, 133, 148, 151, 154, 155
欧州評議会　116
オリンピック研究センター　115
オリンピック・ムーブメント　80, 115

カ 行

介護保険法（→介護保険制度）　28, 43
介護予防サービス　28
改正祝日法案成立（スポーツの日）　174

外生的要因アプローチ　12
海難審判庁　129
外務省　28, 31, 42, 118, 119, 121, 126, 129, 169
学徒動員局　25, 49
学産官連携協議会（3WG）　178–181, 183, 188
学校衛生課　25
学校衛生行政　25
学校給食課　26
学校給食分科審議会　45
学校健康教育課　27, 30
学校スポーツ　2, 11, 28
学校体育　25, 26, 28, 54, 71, 83, 111, 114, 121, 126, 146, 151
　——分科審議会　45
　——行政　122
　教育的な——　145, 146
学校保健課　26
学校保健分科審議会　45
嘉納治五郎記念国際スポーツ研究・交流センター　116
環境省　28, 31
観光庁　28, 31, 109, 129, 168
官僚主導型　7
企画・体育課　27
聴き取り調査　11, 22, 174
企業スポーツ　28, 74, 86
起草条約会議　116
寄付税制　179
教育再生会議　73, 74, 91, 93, 94, 96–98, 103–105, 142, 143, 148, 149, 156, 163
教育再生懇談会　73, 74, 76, 91–94, 96, 97, 99, 104, 142, 143, 148, 149, 156, 163
競技スポーツ課　26, 27, 30, 126, 128, 177
競技力向上タスクフォース　125
行政改革　36, 53, 69, 78, 89, 103–105, 107, 118, 121, 123, 125, 132, 133, 156, 157, 159
行政官僚主導　1, 37, 44, 46, 49, 54–56, 99, 142, 160–164, 166, 173
行政機構　6, 25, 26, 33, 51
　——の変遷　25

共産党　42, 44, 88–90

ギャンブル法案　8

警察庁　42

経済産業省　28, 31, 69, 118, 121, 126, 129–131, 141–143, 145, 169, 178–183, 185, 187, 189

芸術創作活動の振興　151

形成期　15, 17, 22, 55, 63, 90–99, 132, 133, 136, 141, 142, 145, 148–150, 152, 154–156, 159–162, 164, 166, 171–173, 179, 186, 187, 189, 190

競輪法　32

健康サービス産業　28

健康・体力づくり事業　28

建設省　42

公営競技　41

　　——競技等補助　6

公益　76

　　——財団法人　28, 108

　　——社団法人　28, 108

　　——法人制度

　　——法人制度改革　28, 170

厚生省体力局　25

厚生労働省（厚生省）　25, 28, 31, 69, 118–121, 123, 126, 129–131, 141–143, 145, 163

公明党　37, 38, 41, 66, 77, 78, 80, 87–89, 91, 92, 96, 99, 141–143, 145, 163

合理的選択アプローチ　12

国会　8, 10, 19–21, 32, 34–45, 49–51, 54, 66, 73, 77, 78, 82, 87 – 89, 91 – 93, 97, 110, 111, 117, 119, 120, 122, 124, 130, 131, 133, 135, 142, 147–152, 173

　　——提出　41–44, 77

　　——決議　80, 82

　　——廃案　77

国会等移転法改正案　43

国際文化交流の振興　29, 30, 151

国土交通省　28, 31, 69, 118, 121, 126, 129–131, 141–143, 145, 169

国民新党　81, 88, 89

国民体育大会　28, 29, 73

国立競技場建設促進協議会　34

国連開発と平和のためのスポーツ（UNOSDP）116

国家行政組織法　124

国庫補助制度　1, 50

五輪招致　6, 33–35, 80, 81, 111

サ　行

在外公館　115

財政保証　80

さきがけ連立　41

サポートハウス　116

参加者　1, 3, 11, 12, 17, 19–23, 48–50, 53, 54, 91, 92, 96, 97, 130, 131, 134, 141–145, 147–153, 157, 165, 166, 171–174, 179, 180, 182, 186

　　一時的な——　141, 143, 144, 185, 186

　　継続的な——　141, 143, 144, 185, 186

　　政府周辺の——　19, 21

　　政府内部の——　19, 21

　　目立つ——　144, 145, 171, 186, 187

　　目立たない——　144, 145, 171, 186, 187

3 期間モデル　22

参議院　33, 39, 41, 42, 44, 56, 90, 125

　　——文教委員会　33, 36, 39, 44

　　——文教・科学委員会　39, 45, 118

参事官　23, 27, 28, 30, 126, 128, 129, 177

JOC（日本オリンピック委員会）　1, 6, 8, 11, 37–39, 47–50, 64, 82, 108, 111, 121, 122, 125, 141, 142, 144, 145, 147, 151, 152, 169, 170

自治省　42

実現期　3, 15, 17, 22, 103, 130–137, 141–143, 145, 149, 150, 152, 156, 158–166, 171, 172, 179, 186, 187, 190

実証研究　8

実証分析　3, 5, 9

私的諮問機関　63, 68, 93, 94, 151

市民活動促進法案（NPO 法案）　43

自民党　6, 8, 10, 37, 40–43, 50, 66, 68–72, 75–78, 80, 87–89, 91–93, 96, 99, 104, 105, 116, 118, 130, 131, 134–136, 141–143, 145, 148, 155, 156, 162, 163

　　——政策審議会　38

　　——政調議会　43

　　——政務調査会　37, 38, 66, 148, 154, 155

　　——税制調査会　43

　　——総務会　41–43

　　——文教族　8, 40, 49, 50, 141, 142, 144, 145

　　——文教部会・調査会　37, 38, 41, 42

社会教育局　5, 25, 32

社会教育法　　5, 31-34
社会体育　　25, 26, 28, 32
　　──行政　　25
　　──分科審議会　　45
社会党　　38, 40-42
　　──代議士会　　41
　　──中央執行委員会　　41
　　──文化・スポーツ政策調査会　　37
　　──文教関係議員　　37
社民党　　42, 81, 88, 89
　　──教育文化科学部会　　43
準備期　　3, 15, 17, 22, 25, 48-51, 53-56, 99, 103,
　　134, 136, 141, 142, 144, 145, 148-150, 152,
　　155, 156, 160-164, 172, 179
生涯学習政策局　　123
障害者スポーツ　　71, 74, 84, 90, 108, 121, 128
　　──振興室　　128
衆議院　　23, 33, 34, 36, 39, 44, 55, 65, 77, 78, 82,
　　88, 89, 92, 94, 96, 98, 118, 125, 131, 135, 162
　　──文教委員会　　36, 38, 39, 44
　　──法制局　　38, 41, 90
　　──文部科学委員会　　65, 89, 125
宗教に関する行政　　151
集権統治型ネットワーク　　9
集団・ネットワークアプローチ　　10, 12
生涯スポーツ課　　26, 27, 84
省庁再編　　27, 121
唱道連携モデル　　11
　　サバティエの──　　15
消費者庁　　109, 167
女性スポーツ　　65, 95
事例研究　　1, 2, 5, 9, 15, 22, 109, 172, 174, 177,
　　185
進化的モデル　　15
　　ジョンの──　　15
新進党　　42, 43
新・政策の窓モデル　　2, 3, 15-17, 19, 20, 170,
　　172-174, 191
　　──の概要　　16, 17
　　──の概念図　　16, 17
　　──の構成概念　　19
　　──の射程　　16
　　小島・平本の──　　15
新生党　　38, 41

新党日本　　89
新民事訴訟法案　　43
水産庁　　167
スポーツ
　　──顕彰制度等の検討　　72
　　──政策推進のの明確化　　170
　　──の国策化　　170
　　──の自治と独立　　168, 170, 174
　　──予算　　34, 44, 73, 90, 96, 151, 154
スポーツアコード国際会議　　117
スポーツ課　　26, 84, 85, 108, 126, 177
スポーツ議員連盟　　1, 3, 5, 8, 36-38, 40-44, 46,
　　49-51, 54, 55, 63, 66, 73, 75-77, 80, 89, 91-94,
　　96, 97, 99, 104, 105, 118-120, 122, 130, 131,
　　133-136, 141-145, 147-150, 155, 156, 160-164,
　　166, 173, 181, 190
　　──結成　　3, 22, 25, 48, 54, 55, 99, 136, 142,
　　143, 160-162, 166
　　民主党──　　56, 87, 88, 91-94, 97, 99, 141-
　　143, 145, 148, 149, 160-162, 166
　　超党派──　　1, 5, 44, 46, 73, 75, 87, 89, 92,
　　118
スポーツ基本計画　　28, 66, 77, 106, 107
　　──の策定　　66, 105, 106, 130, 131, 134, 136,
　　142, 143, 156, 163
　　第1期──　　178
　　第2期──　　178-180, 182, 183, 185, 189
スポーツ基本法　　2, 3, 7, 9, 22, 49, 53, 55, 63,
　　66, 69, 76-78, 82, 87-94, 96-99, 104-106, 112,
　　118, 120, 124, 129, 130, 132, 133, 142, 143,
　　148, 152, 156-159, 161-164, 170, 173, 190
　　──制定　　73, 74, 77, 88, 92, 97-99, 111, 142,
　　148, 149, 155, 173
　　──制定PT　　66, 88, 91-94, 142, 148, 149
　　──に関する論点整理　　76, 77, 91, 96, 99,
　　104, 105, 143, 156
　　──の付則第2条　　97, 106, 107, 124, 133
　　自民党・公明党の──案　　66, 77, 78, 91, 96,
　　99, 143, 163
　　民主党の──案　　82, 87, 88, 91, 96, 97, 99,
　　143, 163
スポーツ行政　　6, 10, 35, 36, 45, 54, 67, 86, 95,
　　103-105, 108, 114, 120, 121, 125, 126, 147, 157,
　　159

――連絡協議会　6
スポーツ局　32, 33, 116
スポーツ権　1, 77, 87, 90, 97
スポーツ国家法　7
スポーツ省設置　36
スポーツ情報戦略局　67, 104
スポーツ審議委員会　33
スポーツ審議会　126
スポーツ振興　5, 6, 28, 32, 33, 35-40, 45, 54,
　　63-65, 67, 71, 73, 74, 83, 89, 95, 96, 103-105,
　　178
　　――課　27, 29, 71, 85, 108
　　――議員懇談会　6
　　――基金助成　169
　　――くじ法案　3, 8, 10, 41, 43-46, 49, 54, 55,
　　143, 148, 161, 163, 164
　　――国会議員懇談会　35, 36
　　――助成　83
　　――審議会　6, 33, 36
　　――投票法　45
　　――に関する懇談会　3, 22, 25, 36, 48, 49,
　　52, 55, 63, 64, 66, 69, 71, 90, 91, 93‐95, 148‐
　　152, 156, 161, 163, 164
　　日本――センター（JSC）　87, 112, 115, 116,
　　169, 170, 174
　　日本――センター法改正　174
スポーツ振興基本計画　44-46, 54, 74, 87
　　――の改訂　45, 46, 49, 53-55, 143, 163
　　――の策定　1, 45, 49, 53, 55, 104, 105, 143,
　　161, 163
スポーツ振興法　5, 6, 31, 32, 35, 36, 38, 51, 53,
　　65, 66, 68, 73, 75, 76, 83, 87, 95, 96, 148, 152,
　　154
　　――制定促進運動　35
　　――制定促進全国期成会　34
　　――の制定　31, 32, 34-36, 44, 49, 50, 53, 55,
　　65, 94, 96, 98, 104, 142, 151-154, 161, 163-165
　　新――制定PT　66, 73, 75, 77, 91-94, 104,
　　105, 142, 148-150, 155
スポーツ推進協議会　88, 89
スポーツ政策形成　1-3, 5, 8, 9, 37, 44, 49, 54-
　　56, 99, 136, 141, 143, 147, 160-166, 171-174,
　　191, 192
　　――の発見事実　141, 174

――の誘因　147
スポーツ・青少年企画課　27, 29
スポーツ・青少年局　25-29, 69, 114, 119, 123
スポーツ担当大臣　67, 95, 103, 104, 157
スポーツ仲裁　87
　　――機構（JSAA）　84, 90
スポーツ庁　23, 69, 73-75, 77, 78, 83, 87, 89, 90,
　　94-97, 103-105, 107-109, 111-114, 116, 118-
　　126, 129-136, 151, 156, 157, 162, 168-170, 173,
　　177-189, 191
　　――設置　1-5, 15, 22, 36, 52, 53, 55, 56, 69,
　　78, 90, 95, 97-99, 103-107, 110-114, 120-122,
　　124, 125, 131, 132, 135-137, 141, 142, 145, 149,
　　151, 152, 154-158, 160-162, 168-174, 177, 185,
　　186, 191
　　――設置の検討　118, 130, 131, 134-136, 143,
　　156, 162, 163
　　――設置の評価すべき点と問題点　4, 168,
　　173
　　――設置法案　22, 103, 110, 119, 120, 122,
　　123, 125, 130, 133-136, 142, 143, 149, 156-159,
　　161, 163, 166, 179, 180
　　――設置法の制定　130, 133, 136, 142, 152,
　　153, 164-165
　　――創設　107, 114, 116, 120, 132, 133, 159,
　　168
　　――創設PT　119, 120, 122, 131
　　――長官　125, 126, 129, 178
　　――の在り方に関する調査研究事業　107
　　――の在り方について検討するタスクフォー
　　ス　130, 131, 133, 135, 142, 149
スポーツツーリズム　28, 31, 118, 121, 128
スポーツ特別法　7
スポーツ・フォー・オール会議　116, 117
スポーツ法　5, 6, 49, 53, 55, 73, 76, 86, 91
スポーツ未来開拓会議　178, 179, 181, 183, 200
　　――中間報告　180, 182, 185, 200
スポーツ立国　1
　　――宣言　73
　　――戦略　1, 66, 82, 83, 87, 91, 92, 94, 96, 98,
　　99, 104-106, 161
　　――戦略スポーツコミュニティ・ニッポン
　　92, 94, 98, 105
　　――調査会　66, 68, 70-73, 75-77, 91-94, 98,

104, 105, 142, 143, 148-150, 155, 156, 163

――ニッポン　1, 63, 66, 69, 74, 91, 96, 98, 103, 104, 136, 143, 156, 163, 166

――ニッポンを目指して　66, 72, 91, 96, 98, 143, 155, 156, 163

文部科学省の――戦略　143, 156, 163

政策　1-3, 6, 7, 9-11, 15-17, 21, 22, 25, 26, 29, 30, 34, 37, 38, 43, 46, 47, 49, 52, 54, 56, 65, 67, 69, 73, 75, 77, 83, 87, 88, 103-106, 108, 109, 111, 114, 118, 120, 123, 131, 143, 146, 149, 150, 155, 157, 162, 165, 166, 168-170, 173, 178

――アイディアアプローチ　9, 12

――アクティビスト　21, 49, 50, 52, 91, 93, 130, 132, 142, 143, 150, 151, 153, 155, 157, 162-166, 173, 174, 180, 181, 188, 189, 191

――コミュニティ　155, 158, 159, 189, 190

――状況　17, 20, 49, 54-56, 91, 97-99, 130, 136, 137, 142, 143, 157-159, 165, 166, 171, 179, 180, 184, 185, 187, 191

――の決定・正当化　21, 49, 91, 130, 143, 147, 150, 171, 180, 187

――の実行　9, 16, 19, 49, 168, 169, 174

――の流れ　17, 49, 52-54, 56, 91, 95-97, 99, 130, 133-135, 137, 142, 180, 182-185

――ネットワーク　10, 12

政策案　9, 16, 17, 20-22, 49, 53-56, 91, 96-99, 103, 104, 130, 134-137, 142-144, 148, 150, 154-159, 163-166, 171-173, 180, 182-186, 190, 191

――の生成・特定化　16, 19, 20, 144, 145, 155, 171, 172, 186, 187

――の追加・洗練　156

――の融和　159, 171, 173, 185, 186, 189

複数の――のリスト　20

政策形成　1-5, 7-12, 15, 19, 20, 22, 37, 44, 46, 54-56, 99, 129, 136, 141, 143-145, 147, 151, 155, 160-163, 165, 166, 168, 171-174, 177, 185-188, 190-192

――システム　11, 17, 155

――プロセス　11, 15

政策形成の場　19, 22, 49, 61, 91, 93, 94, 130, 133, 142, 148-150, 155, 165, 171, 173, 180, 181, 186, 188

――の重層的な連結　171, 186, 188

政策の窓　17, 21, 162, 163, 165, 166, 171, 173, 187, 191

政策の窓モデル　2, 11, 15, 16

キングダンの――　15

小島の改訂・――　15

政策分野　1, 10, 12, 157, 173

複合的な――　28

政治　7, 8, 10-12, 19-21, 49, 54-56, 82, 91, 97-99, 115, 130, 135-137, 143, 146, 147, 158, 160-166, 172, 180, 183-185, 187, 190, 191

――主導　1, 3, 37, 44, 46, 49, 54-56, 99, 137, 143, 160-163, 166, 173

――状況　18, 21, 41, 49, 55, 56, 91, 98, 99, 130, 136, 137, 143, 147, 160, 165, 166, 171, 172, 179, 180, 184, 185, 187, 191

――の生成・展開　17, 51, 54, 97, 99, 135, 136, 148, 150, 162, 183, 187, 191

――の流れ　17, 21, 49, 54, 91, 97, 130, 135, 143, 180, 183

――の窓　17, 21, 49, 64, 91, 97, 130, 135, 143, 162-164, 173, 180, 183, 184, 187, 191

――優位　1, 3, 37, 44, 46, 49, 54-56, 99, 136, 143, 160-164, 166, 173

青少年課　27, 28, 30

青少年健全育成担当　27, 28

閣議決定2018年度税制改正要綱　180, 182, 183, 185

制度アプローチ　12

制度改革　2, 172

政府関係者の交替　20, 160, 161, 171, 172, 190

政府内部の管轄争い　20, 160, 161, 171, 172, 190

政府立法　1

全国健康福祉祭（ねんりんピック）　28

総務庁　42

タ　行

体育　6, 7, 10, 11, 25, 31, 33, 34, 36, 48, 104, 174

――運動審議会　25

――行政　9, 10, 25, 114, 122

――局　1, 5, 6, 8, 10, 25-27, 31, 34-36, 45, 49, 50, 148

――指導員　35

――振興法　32

―― ・青少年スポーツ担当　27
―― ・レクリエーション　31, 32
全国高等学校――連盟　84, 108, 177
戦時期――行政　10
日本中学校――連盟　84, 108, 177
大学改革実行プラン　131
大学スポーツ　178, 180, 182-184, 186-190
　――アドミニストレーター配置　178, 179, 183
　――振興　184
　――の産業化　180, 182, 184, 188, 189, 191
　――の振興に関する検討会議　178-182, 184, 188, 191
　――の振興に関する検討会議・最終とりまとめ　180, 182, 183, 185, 189
大学スポーツ協会（UNIVAS）　177-180, 188, 190
　――加盟大学　182
　――設立　4, 177, 179, 180, 182, 184-191
　――設立案　183, 185, 190
大臣官房体育課　25
大政翼賛体制　6
体操伝習所　25
大日本体育会　10, 54
太陽党　43
断続的均衡モデル　15
　ボームガードナー＆ジョーンズの――　15
地域スポーツ　1, 2, 28, 44, 46, 66, 71, 74, 76, 83, 85, 88, 121, 124, 128, 157
中央教育審議会　29, 83
中央省庁再編　27
通産省　42
定性的研究　8
定量的研究　8
定量的分析　8
テクニカルブリーフィング　117
東京五輪・パラリンピック　33, 79, 116, 149
　――招致決議　49, 51, 142, 162, 163
　1964年――　47, 51, 53
　2016年――の招致　48, 53, 55, 78, 79, 82, 98, 112, 115, 151-153, 162, 163, 165
　2016年――立候補　47, 48, 79
　2020年――開催準備　130, 134, 136, 152, 153, 163, 165, 177

　2020年――の開催決定　3, 120, 123, 130, 133-135
　2020年――の招致　113, 115
東京消費者団体連絡センター　40, 41
東京都地域婦人団体連盟　37, 40-42
ドーピング　9, 47, 64, 65, 71, 72, 84, 95, 115, 124
　――防止活動　72, 116, 117, 128
　――体制　116
　反――法案成立　174
動態的な分析（→動態的モデル）　15
トップアスリート　28, 67, 68, 71, 72, 74, 79, 83, 95, 106, 128
　――の公的支援　49, 51, 53, 55, 98, 142, 152, 153, 162-165
トリノ冬季五輪　52
　――日本チーム惨敗　49, 51, 142, 162, 163

ナ　行

内閣府　28, 31, 114, 158, 159
　――集約型　110, 114, 135
　――連結型　110, 114, 135
ナショナルトレーニングセンター（NTC）　47, 79, 80, 85, 128
日本教職員組合（日教組）　41
日本再興戦略2016　178
　閣議決定――　180, 182, 184, 189
日本スポーツコミッション　67, 104
日本体育協会　1, 6, 38, 49, 50, 71, 84, 86, 121, 141, 142, 144, 145, 147, 168
日本版NCAA　178-185
　――設立企画組織の確定　180, 183, 185, 188, 191
　――設立準備委員会　179-181
年代記分析　3, 22, 142, 181
農水省　42

ハ　行

波及　22, 173
　スポーツ基本法制定とスポーツ庁設置
　法制定の2つに――　173
　他の政策への――　22
馳浩文部科学大臣の就任　184, 186
　――の在任　184-186, 190, 191

事 項 索 引　209

BUCS（イギリス大学スポーツ協会）　184,
　186, 189, 190
パッケージ　21, 49, 56, 83
　完全な――　17, 21, 99, 130, 137, 143, 165,
　166, 171, 185-187, 191
　不完全な――　49, 143
　部分的な――　17, 21, 91, 99, 143, 162-165,
　191
発見事実　2, 4, 22, 141, 144, 145, 147, 148, 150,
　151, 153-155, 158, 160-162, 165, 166, 170-174,
　177, 185-191
PTA 全国協議会　41-43, 49, 50, 141, 142, 145
非営利法人制度改革　170-172
非ルーティン型　7
付帯決議　33, 39, 45, 46, 125
文化芸術振興基本法　68
文化財の保護　151
文化庁　68, 151, 168
法務省　42
保健体育審議会　5, 6, 32, 33, 35, 36, 38, 49, 51,
　53, 142, 148, 149

マ 行

未来投資戦略2017　180
　閣議決定――　178, 179, 181-183, 185, 189
民社党　38, 41
民主党　1, 37, 66, 77-82, 87-89, 91-94, 96, 98,
　99, 107, 141-145, 147, 148, 161, 163
　――スポーツ議員連盟結成　91, 97, 99, 104,
　160-162, 166
　――政策調査会　44
　――内閣の存続　91, 97, 99, 143, 160-164,
　166
　――内閣の発足　91, 97, 143, 163, 164
みんなの党　69, 87-89
民法改正案　43
問題　1-3, 9, 17, 19-21, 31, 33, 34, 38, 40, 42, 49,
　51-53, 55, 56, 69, 80, 81, 91, 94, 95, 98, 99, 121,

　124, 130, 133, 134, 136, 137, 142, 143, 150-153,
　162-165, 171-173, 180, 182, 184-189, 191
　――関心サイクル　9
　――関心サイクルアプローチ　12
　――, 政策, 政治もしくはアジェンダ, 政策
　状況, 政治状況の結び付き（→パッケージ）
　11, 17, 21, 22
　――の設定　1
　――の相互関連性　153, 154, 171, 186
　――の流れ　18, 21, 49, 51, 52, 91, 94, 130,
　133, 134, 142, 180, 182
　――の認識・定義　7, 16, 151, 171, 186-189
　――の窓　17, 21, 49, 51, 52, 91, 94, 95, 130,
　133, 134, 142, 162-164, 173, 180, 182, 187, 191
文部科学省（文部省）　1, 3, 25, 28-31, 46, 48,
　49, 54, 55, 63, 66, 69, 70, 82, 83, 87, 91-94, 96,
　98, 99, 104-107, 111, 114, 116, 118-126, 129-
　131, 135, 136, 141, 142, 144, 145, 147, 149,
　151, 159-163, 166, 169, 173, 178-180, 182,
　185-189
　――科学技術・学術政策局長　131, 132
　――高等教育局長　178
　――集約型　110, 114, 157
　――設置法　29, 124, 125
　――体育局　1, 6, 8, 10, 35, 45, 148
　――の外局　121-126, 158, 177
　――の初等中等教育局　121, 126
　――連携型　110, 111, 114, 157

ラ 行

ラグビーワールドカップ　81
　――2019日本開催決定　79, 174
利益集団の活動　11, 20, 21, 160, 161, 172, 187,
　190
理論的枠組（→新・政策の窓モデル）　2, 8, 9,
　11, 15, 173
　――の構成概念　3, 19
林野庁　168

《著者紹介》

横井康博 (よこい　やすひろ)

1968年　愛知県名古屋市に生まれる
1991年　中京大学体育学部体育学科卒業
1999年　中京大学大学院体育学研究科博士課程単位取得満期退学後，
　　　　中京大学大学院体育学研究科実験実習助手等を経て，
2013年　星城大学経営学部教授
2024年　北海道大学大学院経済学研究院現代経済経営専攻博士後期課程修了
　　　　北海道大学博士（経営学）
　　　　星城大学経営学部長（現在に至る）

主要業績

「UNIVAS 設立の政策形成——新・政策の窓モデルによる実証研究」『スポーツ健
　　康科学研究』（査読有り）43，pp. 43-56，2021.
「スポーツ庁設置の政策形成——準備期，形成期，実現期の事例の記述」『北海道大
　　学大学院経済学研究院ディスカッション・ペーパー』Series B，2023-206，2023.
「大学スポーツ協会設立の政策形成——新・政策の窓モデルによる実証分析」『北海
　　道大学大学院経済学研究院ディスカッション・ペーパー』Series B，2023-207，
　　2023.
「スポーツ基本法制定の政策形成——新・政策の窓モデルによる実証研究」『スポー
　　ツ健康科学研究』（査読有り）45，pp. 1-16，2023.
「スポーツ庁設置の政策形成——新・政策の窓モデルによる実証分析」『経済学研究』
　　（北海道大学）73（2），pp. 17-62，2023.
『スポーツ庁設置の政策形成——新・政策の窓モデルによる実証分析』（博士論文
　　北海道大学），2024.

スポーツ庁設置の政策形成
——新・政策の窓モデルによる実証分析——

2025年3月10日　初版第1刷発行　　　＊定価はカバーに
　　　　　　　　　　　　　　　　　　　表示してあります

著　者　　横　井　康　博 ©

発行者　　萩　原　淳　平

印刷者　　藤　森　英　夫

発行所　株式会社　晃　洋　書　房
〒615-0026　京都市右京区西院北矢掛町7番地
　　　　　　　　電話　075 (312) 0788番㈹
　　　　　　　　振替口座　01040-6-32280

装丁　藤原印刷（仲川里美）　　印刷・製本　亜細亜印刷㈱

ISBN978-4-7710-3922-3

JCOPY 〈(社)出版者著作権管理機構　委託出版物〉

本書の無断複写は著作権法上での例外を除き禁じられています．
複写される場合は，そのつど事前に，(社)出版者著作権管理機構
（電話 03-5244-5088，FAX 03-5244-5089，e-mail: info@jcopy.or.jp)
の許諾を得てください．